中华先烈人物故事汇

刘伯坚

军事科学院解放军党史军史研究中心

学习出版社

中华先烈人物故事汇《刘伯坚》编委会

主　任：张从田

副主任：陈秋波　曲宝林　陈传刚
　　　　余　戈

编　委：郭　芳　周　鑫　王　冬
　　　　王　雷　李　涛

主　编：陈传刚

副主编：王　冬

编　著：陈秋波　秋　实

目 录
Contents

引　子

　　刘伯坚，又名刘永锢。四川省巴中县（今平昌县）龙岗寺人。1895年1月9日出生在一个小商人家庭，7岁进入私塾读书，10岁到外公和大舅执教的专修馆学习，后又考入金斗寨高等小学就读。一篇"抛弃八股文风，联系时政，笔势纵横流畅，历数文人无行之害，矢志上进"的文章，备受老翰林校长的高度评价，名噪一时。20岁那年，考入万县省立川东师范读书。因战乱连连，还未毕业就辍学回家。

　　刘伯坚很受嘉陵道尹陈炳坤的赏识，不久便被其招在麾下做秘书。因他才华出众，做事能力强，第二年被陈炳坤推荐到苍溪做县知事。1918年8月，刘伯坚为寻求救国救民之道路，坚决辞官回乡，走出大山沟，考入成都高等师范学堂。学习期间，正值五四运动爆发，他积极加入到滚滚的革命洪流中。

1920 年 6 月，刘伯坚远渡重洋来到法国勤工俭学。留法期间，他组织劳动学会，交流学习和传播马克思主义，帮助学生解决求学和工作上的困难。为阻止北洋政府与法国政府签订丧权辱国的借款协定，发动了声势浩大的"拒款运动"。组建勤工俭学学生联合会，开展"占据里昂"的斗争。中国共产党成立后，他与周恩来等人发起成立旅欧中国少年共产党，旅欧"少共"改为中国社会主义青年团旅欧总支部时，刘伯坚任候补委员，同时任旅比（比利时）支部书记。

1923 年 11 月，刘伯坚被派往苏联莫斯科东方大学学习，任中共旅莫支部书记。后随赴莫斯科考察的原西北军总司令冯玉祥一起回国，助他重振西北军。1926 年 9 月 17 日，冯玉祥在内蒙古五原县收集旧部举行誓师大会，就任国民军联军总司令，刘伯坚任政治部副部长，主持政治部工作。

五原誓师后，刘伯坚决心用政治工作来改造这支旧军队。在冯玉祥的支持下，他在军中建立各级政治工作机构，开办各种干部训练班或军政干校，他还给李大钊写信，请求派出共产党员前来相助。先后有 200 多名共产党员来到国民军联军，担任各级政治领导工作。在强有力的政治工作的影响下，旧军队发生了脱胎换骨的变化，全军将士不仅精神焕发、生气勃勃，而且令行禁止、纪律肃然。国民军联军为实现"平甘援陕，东出潼关，与南方北伐军会师中原"的战略计划，一路势如破竹、所向披靡。

1927 年 4 月，蒋介石叛变革命后，诱逼冯玉祥同意以"清共"换取"共同北伐"。面对这种严峻的形势，刘伯坚多次对冯玉祥进行苦口婆心的劝告，冯玉祥根本听不进去，还是决定把共产党人"礼送出境"。于是，刘伯坚主动采取行动，立即把已公开身份的共产党员全都安全撤送到武汉，然后，离开了国民军。不久，中原大战爆发，冯玉祥部战败下野，西北军被蒋介石改编为国民军第 26 路军。

1928 年春，为迎接第二次国内革命战争高潮的到来，党中央再次派刘伯坚去苏联学习军事。

1930年秋，刘伯坚结束了在苏联的学习，被派往江西革命根据地第一方面军政治部工作，先后担任秘书处处长、红军学校政治部主任等职。

1931年夏，蒋介石对中央革命根据地发动了第三次"围剿"，命令国民军第26路军到江西宁都"剿共"。由于第26路军大多数官兵在北伐战争中接受过刘伯坚等共产党人的政治思想教育，不愿与红军作战。12月14日，在刘伯坚的影响和参谋长赵博生、旅长董振堂、季振同及地下党组织的精心策划下，第26路军在宁都成功举行起义。起义部队改编为中国工农红军第五军团，刘伯坚任军团政治部主任。随后，他带领五军团进行了短暂的整训和改造，并参加了第四次反"围剿"的战斗。红五军团转战赣南、江西等地，与兄弟部队并肩战斗，成为红军部队中能打硬仗、恶仗，威震南国的一支劲旅。

第五次反"围剿"失败后，刘伯坚调离红五军团，被派到赣南军区任政治部主任。1934年10月10日，中央红军主力被迫撤离中央苏区进行战略转移，刘伯坚与所在赣南军区的部分官兵留在了根据地坚持斗争。

1935年3月4日，刘伯坚率赣南军区机关和部队向山区转移时，与数倍于己的敌人遭遇，激战中左腿负重伤，他主动留下来阻击敌人，掩护其他同志突围，在子弹打光的情况下，不幸落入敌人魔掌。

刘伯坚在敌人的监狱中，面对高官厚禄的引诱和酷刑，宁死不屈，写下了气壮山河的《带镣行》正气歌。一封封狱中家书，展现出了一个无产阶级革命家的豪迈气概和博大胸怀。

1935年3月21日，刘伯坚壮烈牺牲在江西大余县的金莲山下，时年40岁。

01 与生俱来豪侠气

"孬和尚"自号"刘铸"

1895 年 1 月 9 日，正值寒冬，风雪满天。四川省大巴山南麓巴中县（今巴中市平昌县）龙岗寺一个小商人家里，老实巴交的刘贵显坐在火塘边低垂着头，搓着双手，显得魂不守舍。

世道腐败，连年灾害，民穷财尽，生意萧条，让刘贵显感到无所适从。他这边正愁着生计艰难，里屋的妻子生孩子又出现了难产。俗话说，儿奔生，娘奔死。妻子痛苦的呻吟一声连一声，刺痛着刘贵显的心扉。

不知煎熬了多久，屋里传来"哇哇"的啼哭声，打破了这寒夜的寂静。

"是个放牛娃，恭喜您了，刘掌柜！"接生婆还没迈出门槛，便高兴地向堂屋里的刘贵显大声道喜。

这孩子与别的孩子不一样，自生下来就不停地啼哭，小嗓门儿还特别响亮。

刘贵显的母亲走出房门，向他招了招手说："贵显，你听，这孩子哭声大，长大了可是个不安分的主儿啊！快给娃儿起个名字。"

刘贵显想也没想，就随口说：叫"孬和尚"吧。当地有个风俗，给孩子起粗贱的名字好养活。

让一家人不得安宁的是，初生的"孬和尚"老是哭。半夜醒来，他双腿一蹬，便放声号哭，肚不饿、头不热，谁也不知道他为何要这般使劲大哭。刘贵显有些不耐烦，可奶奶祖护自己的孙子说："男孩子不安分点才好，俗话说'小时吵，大时宝'，长大才有出息。"

父亲刘贵显为人正直，待人敦厚，少年时代读过几年私塾，15岁时到巴州参加科举考试，答卷优秀却不中。母亲苟继显虽然没念过书，但生在乡秀才之家，也算是书香门第。她心地善良，勤劳朴实，深受邻里称赞。"孬和尚"出生在这样的家庭，虽然国运不济，但也算得上是幸运儿。"孬和尚"3岁时患了一场大病，父亲怕他再有个三长两短，就请当地有名的黄和尚重新给他取了个名字叫刘长生，但村里的孩子们还是依然称呼他是"小和尚"。

6岁时，父亲对他进行"发蒙"教育，开始教他读《三字经》《百家姓》。长生虽然不完全能理解，但他记忆力极好，读上几遍就能背诵。

看着儿子一天天长大，父亲觉得不能再叫他"孬和尚"或长生了。于是，按照族上字辈给他起名刘永锢。

刘永锢7岁时，父亲将他送到龙岗寺本族弟弟刘贵义的私塾读书。这时，父亲又给他起了个学名，叫刘伯坚。

刘贵义在当地是个很有学问的乡秀才，思想开明，治学严谨，对学生要求严格。开始时，他教刘伯坚学《幼学》，后来又教《大学》《中庸》《论语》《孟子》。

刘伯坚十分聪慧，学过的篇章无不朗朗上口，能背能讲。求知心切的刘伯坚日渐感到私塾难以满足自己的学习欲望，9岁时又转入龙岗寺文昌宫义学堂学习。

刘伯坚在文昌宫义学堂遇上了一位思想启蒙老师易子仪先生。易子仪深受康有为、梁启超改良思想的影响，教学上大胆选用梁启超所编《中国魂》一书作教材，后来又教学生学习《少年中国说》《史记》《离骚》等，有时还向学生讲授西方资产阶级的政治学说。刘伯坚时年虽少，但思想早熟，如饥似渴地吸吮着这些新知识，使他的思维更加活跃。

易子仪先生订有一份上海出版的《申报》，这是刘伯坚最喜欢的报纸，他一有时间就向先生借读，从中了解到中外发生的许多大事。1904年，日本和沙俄两个帝国主义国家为了争夺朝鲜半岛和中国辽东半岛的控制权，在中国的东北打了起来。这一消息，让小小的刘伯坚感到很不理解：两个外国军队跑到中国的土地上打仗，中国政府不声不响，眼睁睁地看着中国的老百姓村庄被焚烧，人民遭连累，怎么有这样的政府？刘伯坚跑去问易先生，易先生只是摇头苦笑，他又何尝不痛心？只是不到 10 岁的刘伯坚还不能理解。

这一天，易先生给同学们上课讲到民族英雄岳飞时说："一个人不能没魂，一个国家不能没有魂。人无魂会傻，国无魂会垮。魂就是志向，一个国家和一个人一样，没志向便无目标，便无主心骨。人一定要有志向，并且要由自己立定。宋朝抗御金兵的岳飞，在背上刺'精忠报国'，后来打仗又在石壁上刻'还我山河'。抗击金人、收复失地，这就是岳飞的人生志向。"

听完易先生的话，刘伯坚心情难以平静，他暗下决心："好男儿要学就学民族英雄岳飞，为民族建立一番功业。"

当晚，刘伯坚还想听听日俄战争的事，就去找易先生。一进门，只见易先生正在凝视着刚刚挥毫书写的《满江红》词句放声大哭。"三十功名尘与土，八千里路云和月。"那笔饱墨酣的词句，被易先生的泪水浸润。

刘伯坚情急之下，抱住易先生的手腕呼喊："先生，先生，易先生！"

易先生收住眼泪，凝视着窗外的一丛芭蕉。"嗯，你怎么来啦？"

刘伯坚见易先生平静了下来，就壮着胆子说："先生，我还想请您讲讲日俄战争的事。"

"嗯！"易先生拍了拍刘伯坚的肩膀说道，"这是帝国主义列强之间的战争，把战争的灾难强加在中国人民的头上，国家衰落，任人欺凌啊！"易先生长叹一声就不说话了。也许易先生自己也没弄清打仗的根本原因。

刘伯坚站了一会儿，给先生换了一杯热茶，便知趣地退了出来。

刘伯坚回到家怎么也睡不着，脑子里不时浮现出易先生悲愤的神情，不由地背诵起《少年中国说》中的章节："少年智则国智，少年富则国富，少年强则国强，少年独立则国独立，少年自由则国自由，少年进步则国进步，少年胜于欧洲，则国胜于欧洲，少年雄于地球，则国雄于地球。红日初升，其道大光……天戴其苍，地履其黄。纵有千古，横有八荒。前途似海，来日方长，美哉我少年中国，与天不老！壮哉我中国少年，与国无疆！"

顿时，刘伯坚心中升起一股强大的力量。

他从床上爬起来，拿起笔，挥毫写下《少年中国说》里的一段话：

老年人如夕照，少年人如朝阳；

老年人如瘠牛，少年人如乳虎；

老年人如僧，少年人如侠。

血气方刚的刘伯坚暗下决心，要以救国救民为己任。于是，他给自己起了一个"刘铸"的号名，以明铸造成器之心志。从此，刘伯坚酷暑寒冬，无论刮风下雨，坚持不断地读书、习拳练武。每天鸡叫两遍就起床，肩上挂着一个打鼓藤编织的书包，左手提一块方砖，右手拿一个土碗，早早地来到文昌宫义学堂。进门后，他把书包和砖头放下，转身跑到不远处的一口水井旁，舀一碗水端回来。他把砖头放平，双膝跪下，头上顶着水碗，手里拿着书边读边背。腿跪麻木了，头上的那碗水却像他那颗求知若渴的心一样平静如镜。刘伯坚以此来磨炼自己的意志。

矢志求学路

一天，刘伯坚从文昌宫义学堂放学回家，一个人出了龙岗镇东边的栅子门，顺着一条青石板路，跑到小伙伴们最喜欢去的大坝子九坪寨玩。结果，爱打抱不平的他因为替小伙伴伸张正义，遭到一群顽劣少年的群殴，被打得鼻青脸肿。

这场在九坪寨爆发的小小"战争"，完全是以弱抗强、以小抗大、以正义对非正义的搏斗。刘伯坚之所以败下阵来，除了对方人多势众之外，最主要的是在搏斗中，刘伯坚的长辫子被对方抓住了，因而吃了大亏。

刘伯坚在家养伤期间，他想起这次吃亏的原因就十分生气，于是，他找来剪刀，左手捉住辫梢，几下就将一根乌油油的辫子剪了下来。

傍晚，外婆开门进来叫他吃饭，发现伯坚头上的辫子没了，惊叫一声："哎哟，你头上……你的辫子呢？"外婆的惊叫，立马招来了父母亲的质问，家里立即爆发了一场"辫子风波"。

没有辫子，不但要遭人笑话，甚至还有被砍头的危险。父亲的训斥，母亲的哭泣，吵得不可开交。没了辫子，文昌宫义学堂是不能继续去上了。

最终，不管女儿和女婿同意不同意，外婆决定把刘伯坚带回苟家坪去。那里的苟家是大族，外婆家又是世代书香。到了苟家坪，刘伯坚的安全程度，远远超过躲在龙岗寺。

对于岳母的这一决定，刘贵显无声地表示了赞同。

刘贵显知道，去外婆家是最佳的选择，但又觉得对不起易子仪先生。于是，第二天前往学校当面向易先生道明实情："伯坚闯了祸，他把自己的辫子剪掉了。躲过这一段，等他的辫子长出来了，就叫他回来上学。"

易子仪连忙摆手，说："庭院里跑不出千里马呀。贵显兄，我实话说吧，伯坚这样的学生，我真舍不得，可他是条龙啊，困在龙岗干什么呢？他好学，又肯动脑筋，还有胆识，让他多走几个地方，多拜几个老师，兼容并蓄，会扩大他的视野和心胸，很好的，这是很好的。"

1905 年，刘伯坚辞别父母，进入了由外公、大舅执教的专修馆学习。

刘伯坚的外公苟峨轩年近花甲，个子高大，是一位颇有民族气节的文秀才，经常拄着一根 4 尺长的紫竹烟杆。苟峨轩有个特点，就是对学生极为严厉。他知道刘伯坚天资聪明，秉性刚烈，自然管教更加严格。他要求学生严格恪守专修馆的馆规，一就是一，二就是二，绝不允许有破规行为。

刘伯坚似乎来到了一个他不该来的地方，他跟封建礼教格格不入，也不习惯外公的陈腐教条，对八股文也不感兴趣，却喜欢跟着二舅学武术。

春阳和煦的一天，苟峨轩拄着烟杆威风凛凛地走进教室，学生娃顿时全停住诵读，教室里鸦雀无声。他举目扫视，吼问道：

"刘永锢到哪儿去了？"

有个胆子大点的学生娃应声答道："在习武。"

苟峨轩怒气冲冲地出了教室，他健步穿过走廊，透过新绿的槐树，看见习武坪上果然有人在上下跳跃翻飞，练得正起劲。

"小逆子!"苟峨轩大声骂了起来。

刘伯坚一听是外公，立马慌了神，赶紧放下刀棍，转身就跑。他知道，落到外公手里肯定没有好果子吃。可没跑几步，迎面又碰上了大舅。两人东截西撵，终于将刘伯坚捉住并拖进了外公的书房。

房门"咣啷"一声被关上了。外公和大舅将刘伯坚按到四方桌上，用竹板"叭叭"地照着屁股猛打起来。刘伯坚咬着牙，一声不吭，就是不向外公和大舅求饶。

当天下午，刘伯坚被外公赶出了专修馆。他忍着周身的疼痛，天黑时才走到家，母亲见儿子神气不对，忙上前关切地问："伯坚，你病了吗?"伯坚难言地摇摇头，回房便睡。

第二天，母亲发现刘伯坚身上一道道乌紫色的血印子，心疼地询问他，可他却总是一言不发。

大舅赶到刘伯坚家里，母亲见了就埋怨哥哥没有照看好孩子。大舅气呼呼地说道："别人家的孩子好教，你家的大少爷呀，我们教不了了!"

听大舅一番解释，母亲这才知道了事情的原委，流着泪，哀求哥哥留下伯坚继续上学。

刘伯坚养好身体重回专修馆时，外公和大舅看到伯坚年少刚烈，孺子可教，便请来了武术教师，专教刘伯坚学拳术练武功，课堂上也增加了《正气歌》和《少年中国说》等富有爱国主义思想的教学内容。

刘伯坚尤其喜欢读《少年中国说》，不仅被其层层递进的逻辑、形象生动的语言、感情充沛的表现手法所折服，而且也被文中的许多如"死海""金字塔""西伯利亚大铁路"等新鲜名词所吸引。文中痛斥了封建专制制度和封建官吏的腐朽，把中国的未来寄希望于有志少年之身上。少年强，国家就富强，就能雄立于地球。刘伯坚为这样的爱国思想和积极乐观的民族自信心所倾倒，他仿佛看到了国家未来光辉的前程。

16岁那年，刘伯坚怀着对未来的无限期冀，来到金山寨高等小学就读。这所学校是由辛亥革命前任陕西省提学使（省教育行政长官）兼布政使的余坤，辞官回乡兴办的一所学堂。余坤是当地的开明人士，光绪年间中举，16岁中进士、入翰林。虽科举出身，但思想并不守旧、治学有方。

一次，擅长八股文的国文先生王槐三出了一道"士先器识而后文艺"的作文题。刘伯坚审视其题，思绪万千，然后讲古论今，抨击时弊，文笔犀利，一气呵成。

第二天发作文本时，唯独刘伯坚见不到自己的作文本。他找王先生询问，得到的答复是：文章"平庸无奇，淡而无味"。刘伯坚好生奇怪，不明白为何这么直抒胸臆的好文章，竟然获如此劣评。

王槐三几次重读刘伯坚的文章，仍然看不出头绪。于是，他拿着文章冒雨来到老翰林余坤家里。余翰林接过文章，看着看着不禁拍案叫绝，高声朗读起来："六朝陋习，殷鉴不远，贻害无穷也……"

余翰林高兴地对王槐三说："这是一篇好文章，好就好在抛弃了腐朽的八股文风，联系时政，论理精辟，抨击了那些不关心国家民族命运的腐儒！"

王槐三惶惶不安地说："请先生下个批语吧！"

余翰林转至书房，提笔批道："笔势纵横流畅，历数文人无行之害，矢志上进，大器固不待晚成也。"余翰林的批语传开，刘伯坚在学校名噪一时。

1914 年的春节刚过，刘伯坚身着青色短装，肩挂一个小行李包，满怀喜悦地前往四川省巴州县中学赶考。

他来到报名处，只见一位老先生威严地坐在那里。这位老先生叫李本善，是巴州中学校长、招生的主考官。

刘伯坚虔诚地向他施礼，然后高声报告："主考官，学生前来报名！"

"你姓甚名谁？何地人氏？"李本善眨了眨眼问道。

"学生姓刘，本名刘永锢，号名铸，学名伯坚，巴州县龙岗寺人。"

接着，刘伯坚又将家庭情况一一作了介绍。李本善得知其父是做小生意的，以刘伯坚不属于"粮民"为由，告诉他没有资格报名。刘伯坚据理力争，无奈李本善又以官府规定无法通融予以拒绝。但看到刘伯坚求学态度坚决，于是，李本善最后说："要想上学，必须买张土地契约，取得粮民证才方可。"李本善限定刘伯坚4天之内办好这些手续。

离报名截止时间只有4天了，刘伯坚星夜兼程，两天后赶回到家里即向父母说明情况。父亲刘贵显花了几百块大洋买下龙岗寺老寺院的20多亩公田，取得了粮民证。

当刘伯坚拿着土地契约心急如火地跑回巴州中学找到李本善时，李本善摸着山羊胡子说："你已错过考期，不能报考，回家去吧！"

刘伯坚一时惊呆了。巴州离龙岗寺240多里，往返要走4天，在家里买土地契约花了3天，途中又遭遇狂风暴雨耽误1天。限4天之内办到，岂不是故意刁难？

刘伯坚与李本善争吵起来，引来几个中年先生围观，大家听清了原委，纷纷议论主考官李本善拒绝的理由站不住脚，同时，也向李本善建言，恳请他恩典，为远道而来的刘伯坚单独开考。

李本善只好点头，同意开考。刘伯坚奋笔疾

书，很快交卷。李本善拿起试卷看了一会儿，很是吃惊。"人生在世，务必有志。志者，志向之谓也。国之君，邦之民，亦何独不然乎？若国之君无志，则何以治国？邦之民无志，则何以兴邦？吾终日而思之，忧心如焚也。由斯而推之，人之无志，则无以立身……"

他大声朗诵着刘伯坚的文章，禁不住点头称赞："此乃考生中之魁也！"窗外围观的老师们也齐声称赞刘伯坚才高志大、忧国忧民，文章感时讽今，文情并茂。就这样，刘伯坚进入了巴州中学学习。

第二年，刘伯坚又考入了万县省立川东师范。他在师范里读书，每学期都要开销几十块大洋，因为家里生意萧条、经济拮据，全家人为他念书节衣缩食。刘伯坚为此心里很是过意不去，他决心以发愤攻读来报答。

川东师范附近有座关帝庙，庙已经破败，香客们一般不来这里上香，显得十分冷清。但被刘伯坚相中，这里的观音堂成了他常来的学习之地。

一天早晨，几个乡民从关帝庙外过路，忽然听到从观音堂里传来"哇啦哇啦"的声音，大家不禁惊奇起来，这里怎么有和尚念经了？莫不是关帝显圣了？有几个胆子大一点的小伙子跑到观音堂大门边，从门缝往里瞧，可是大门隔厅堂还有一丈多宽的天井，怎么也看不清楚。人影忽隐忽现，声音忽高忽低，吓得这人张口结舌，话都说不清楚了："有、有、有神在念经！……"

一听这话，几个人连忙跑上街向过往的行人神秘地讲起这事，不一会儿，十几个男女老少壮着胆子拥进观音堂。大家定睛一看，原来是刘伯坚在观音堂里如痴如狂地读外语。

路不平要人踩

1914年深冬的一天，刘伯坚从万县川东师范放寒假回家，踏上家乡的土地，顿感亲切起来，他禁不住驻足远眺，欣赏起那巍巍群山中如血的残阳来。

正在这时，忽然听到有人跟他打招呼："刘少爷……"

他循声望去，认出来是龙岗乡下的雇农张永申。只见他脸色蜡黄，形容枯槁，穿一身破烂衣裳，拄着一根竹棍，在寒风中瑟瑟发抖。

刘伯坚关切地问："张哥子，你咋弄成了这副样子？"

"病了。"张永申悲戚地摇了摇头。

"该去找医生看一看嘛！"

"生了病没法干活，早被东家朱如官赶出了门，一个工钱也没有给，锅儿都吊起当钟打了，哪里还有钱看病啊！"

刘伯坚一听，心里很难受，当即从衣袋里掏出4块银圆，交到张永申手里，说："你先看病，然后我去帮你向东家要工钱。"

回到家，张永申病痛的样子一直在刘伯坚心里挥之不去，他忙完了家中的事，决定去张永申家看看。谁知才走到他家门口，张永申便一下子跪倒在地，痛哭起来。刘伯坚把张永申扶起来，好生劝慰询问，一问才知，朱如官昧了他3年的工钱，要了几次，不但一个铜钱也没要着，反被毒打一顿赶了出来。

刘伯坚顿时气得攥紧了拳头，拉着张永申的手说："走，我陪你找姓朱的算账去！"

朱如官一见满脸怒气的刘伯坚带着张永申，不由得倒抽了一口冷气。他脸上连忙挤出笑来，把刘伯坚迎进堂屋，摆烟又倒茶。

刘伯坚手一摆，板着脸说道："朱如官！我无事不登三宝殿。张哥子和我亲如手足，听说他在你这里做了3年……"

"不错。"朱如官打断刘伯坚的话。

"那你为啥不给他工钱？"

"因为他懒惰成性，我白用粮来养活了他，没算他饭钱就便宜他了，还想什么工钱！"朱如官摆出一副无赖的样子。

"你……你！"张永申气得直哆嗦，"一年365天，风里雨里，泥里水里，我哪一天不给你干活？人要凭良心呀！"

刘伯坚质问朱如官："你仓里的谷是谁种的？

你全家吃的粮是谁打的？不是张哥子耕耘收获，难道是天上掉下来的？"

朱如官无言以对，张口结舌地说："你一个堂堂读书人，怎么向着打牛屁股的泥脚杆说话啊？"

"路不平大家踩！你今天不给张哥子工钱是不行的！"刘伯坚怒目而视。

"不给他工钱，看你怎么样！打官司、走州过县，我朱老爷奉陪！送客！"朱如官涨红着脸喊了一声，转身就想走。

刘伯坚怒不可遏，抢步上前，一把抓住朱如官的后脖领子，照着他的额头就是一拳，接着，又飞起一脚，将朱如官踢出一丈多远，指着朱如官大声说道："今天如果不给工钱，就休想保住你这条小命！"

朱如官哪里经得起这般痛打，趴在地上连连呼号求饶："刘少爷！刘少爷！我给，我给。"

朱如官喊出老婆："快，把张永申的工钱结了！"

张永申捧着3年的血汗钱，流着热泪，连忙向刘伯坚叩头谢恩。

路见不平要人踩。这是扎根在刘伯坚心里不变的信条。

有一天，刘伯坚在街上看见一群如狼似虎的团丁，押着十几个衣衫褴褛、骨瘦如柴的穷苦百姓往团防局里送。团丁嘴里恶声恶气地斥骂着，还用枪托朝走得慢的人身上打。一个老人跌倒在地，被团丁抓着头发在地上拖着走。

看到眼前惨不忍睹的一幕，刘伯坚心里满是怒火，暗骂道："朱团总这龟儿子，又在向穷人逼债了，真可恶！"

被刘伯坚称作朱团总的这人名叫朱德卿，是龙岗寺的大豪绅、地头蛇，也是当地小军阀郑启和的得力帮凶。每逢赶场的日子，朱德卿就带领团丁向百姓逼捐逼税，有钱的缴钱，无钱的缴烟（此地有种鸦片的传统），无钱无烟的就被抓到团防局关押吊打。因此，老百姓把团防局叫作"阎王殿"。

刘伯坚决心闯闯这个"阎王殿"，教训教训这个作恶多端的伪团总。

回到家里，刘伯坚换上一件阴丹士林长衫，头戴一顶灰色礼帽，左手拄一根4尺长的铁棍，右手提一盏点亮的四方形灯笼，正气凛然地朝团防局走去。

街面上的人见刘伯坚这副打扮，知道他又要干打抱不平的事了，于是跟着去助威。

刘伯坚来到团防局门前，指着被吊着的几个穷苦人，厉声质问团丁："你们为啥吊着他们？他们犯了什么罪？"

团丁们谁也不敢回答。朱德卿见刘伯坚手里提着铁棍，知道他有一副天不怕地不怕的胆子，没敢打照面就先怯了场，急忙钻进内厅躲了起来。

一个不知好歹的团丁见状，满脸挑衅地问刘伯坚："嘿，哪个舅子，天都没黑就把灯笼打起来了！"

刘伯坚指着他骂道："呸！你个舅子没长眼吗？这天地黑得伸手不见五指！"说着，把灯笼举得更高。那人看清是刘伯坚，再也不敢多嘴，赶紧溜走了。

团丁们看出刘伯坚是来者不善，又见团总躲着不敢露脸，于是一个比一个躲得更远。

围观的老百姓簇拥着刘伯坚，不断地向他控

诉团防局的一桩桩恶行。刘伯坚打着灯笼，挂着铁棍，大声说："这世道太黑暗了，穷人的日子太苦了，但是天总会亮的，到那时候，穷人的日子就好过了！"

朱德卿见刘伯坚势不可挡的架势，老百姓越聚越多，怒吼声越来越大，吓得他吩咐手下赶快把抓来的穷苦人都放了。

小小的龙岗寺顿时沸腾了，人们怀着感激的心情护送着刘伯坚回家。从此，团防局威风扫地，欺负老百姓的行为也收敛了许多。

02 远渡重洋为救国

辞官以求真理

1915年5月，时任中华民国大总统的袁世凯同日本帝国主义签订了丧权辱国的"二十一条"，引发国人群情激愤。12月底，袁世凯推翻共和，复辟帝制，做了82天的皇帝之后一命呜呼，中华大地陷入"城头变幻大王旗，你方唱罢我登场"的军阀割据混战局面。由于四川境内各路军阀混战不休，战火连连、灾难无穷，刘伯坚为此痛心疾首。1917年冬，万县省立川东师范停课，刘伯坚还未毕业就不得不辍学回家。

时任保宁府（今四川省阆中地区）嘉陵道尹（中华民国时期的官名，负责管理所辖各县行政事务）的陈炳坤得知刘伯坚回家的消息，决定将其招在麾下做秘书。

刘伯坚靠着自己的才智与胆识，很快成为陈炳坤最信得过的人。当时，军阀混战，要的是地盘，拼的是兵力。陈炳坤坐镇嘉陵道尹以来，不体恤百姓疾苦，不仅没保一方平安，反而匪盗愈烈，民疾愈深。在阆中百姓眼中，陈炳坤所部兵即是匪、匪即是兵。刘伯坚见其所作所为，心里很是不安，深感误入门庭。但他只能是利用自己在陈炳坤身边的影响力，最大限度地维护老百姓的利益。

1918 年春，刘伯坚的家乡龙岗寺、土地垭和佛楼寺一带发生了较大的农民武装抗捐运动，组织领导者是佛楼寺的团总胡子祯。胡子祯为人正直，廉洁豪爽，除暴剿匪，不谋私利，老百姓十分拥护他。后因他在营山县双河场一带协助冯玉祥剿匪有功，被任命为巴南保安营营长。

为支持胡子祯的正义行动，刘伯坚以道尹秘书的身份写信给他表明立场："百姓甚苦，胡君应聚众抗之，以恤民也……"在刘伯坚的支持下，胡子祯组织的农民武装，很快由原来的 400 多人发展到近 5000 人，家家户户都有持枪的民丁，并把佛楼寺铁鼎寨设为巴南保安营营部，使抗捐斗争的力量更加强大。

而早年在家乡当土匪的广安人郑启和混进靖国军，登上了援陕第 2 路军第 1 军第 1 纵队司令的宝座后，盘踞巴州（今巴中县）。郑启和两次派官员到佛楼寺征收捐税，都被胡子祯赶走了。郑启和又颁发剿杀胡子祯的布告，并派兵向佛楼寺的农民抗捐武装大举进攻。胡子祯组织奋力反击，最后，农民抗捐武装取得了胜利。

郑启和不甘心失败，就向嘉陵道尹陈炳坤求援，要其出兵镇压佛楼寺的农民武装，陈炳坤立即召集文武官员商议这件事。刘伯坚建言道："郑启和坐镇巴州，不仅捐税很重，而且滥种洋烟，田地荒芜，民不聊生，才逼得统管区的百姓起来反抗。百姓是我们的衣食父母，镇压只能招来更大的反抗。"陈炳坤接受了刘伯坚的建议，他按兵不动，暗中支持胡子祯领导的农民武装抗捐斗争。

刘伯坚出色的工作能力，深得陈炳坤的赏识。第二年，刘伯坚就被陈炳坤举荐到苍溪县任知事

（中华民国初期对县一级最高行政官的称呼）。

苍溪，隶属四川省广元市，位于秦巴山脉南麓、嘉陵江中游、广元市南端，古称"秦陇锁钥""蜀北屏藩"。自西晋太康年间置县，已历1700多年历史，素有"川北淳邑"之雅称。

刘伯坚上任后，一心为百姓着想，体恤民众，办事公道，深受百姓的拥戴。但封建军阀体制下的中国政治空气仍把他压抑得喘不过气来。虽陈炳坤对刘伯坚很器重，在他的庇护下走升官发财、享受荣华富贵的道路指日可待，但这不是刘伯坚所追求和向往的。

不久，俄国十月革命胜利的消息传到中华大地，使那些为寻求中国前途和命运的一大批中国先进知识分子受到了鼓舞，看到了中华民族的新希望。刘伯坚心中那颗深埋已久的种子似乎开始萌动了。他决定要走出去，他必须走出去，走出这山沟，去寻求他心中的光明。

1918年8月，一个细雨绵绵的早晨，刘伯坚打着一把油布伞，从苍溪赶到阆中嘉陵道尹公署，向陈炳坤当面递交辞呈。

陈炳坤正在樟木桌前审阅公文，当即将手中公文一扔，厉声问刘伯坚："你年纪轻轻的，英才难得，前途无量，知事都不想当了，你想干啥子嘛？"

"我啥子官都不想当，只想还乡！想到外面去看看。"刘伯坚斩钉截铁地说道。

听说刘伯坚要外出求学，陈炳坤好言相劝道："伯坚，当书生还不是为了升官发财，你已经是县太爷了，又去当书生，那又何苦呢？"

"伯坚受道台恩宠多年，恩情难报。县太爷当得再好也不能救天下黎民百姓于水火。如今军阀割据，战乱连连，中国向何处去，中国的希望又在哪里？伯坚虽不才，但愿以身去闯一闯！请陈道台恩准。"

刘伯坚辞官还乡的消息一传开，立即在乡野四方引发热议。有的绅士讥笑他不会当官、不会享福，而乡亲们却认为他是一个不恋官场、胸怀大志的青年，为他感到无比高兴。

这年秋末，刘伯坚离开苍溪，同朋友一行人晓行夜宿，走了五六天后来到仪陇黑水滩（今平昌县黑水乡）他的一位远房亲戚刘伯敷的住地看望。

年近 40 岁的刘伯敷是个久考不中的捐班秀才，仗义疏财，耿直恤贫，对能文善武的刘伯坚一直很是佩服。当晚设宴为他接风，酒过三巡，刘伯敷不解地问："今你官至知县，进身有阶，为何还要辞官还乡呢？"

"我将准备到国外求学深造，以实现济世救民的志向……"

听完刘伯坚的话，刘伯敷由衷地称赞道："你真像一只即将展翅高飞的大鹏鸟！"

第二天吃过早饭，刘伯坚临走之时，刘伯敷特意赠送他一面写有"辞官还乡"的锦旗，并派人护送回家。

残月寒星的冬夜，龙岗寺刘家栈房早早地关上了门，刘伯坚同家人坐在火塘边，父亲刘贵显愁眉紧锁，提出希望伯坚回来帮他做生意，以振兴家业。刘伯坚沉默一阵后，平静地对父母亲说："儿辞官还乡，是想外出求学报国，寻求解救中华之路。若是把儿留在家中，儿奋斗多年的一腔热血，不都付诸东流了吗？"

刘伯坚继续恳切地说："求学以来，儿孜孜以求救国救民的真理，如今国家受难，民族遭危，民众的疾苦，儿看在眼里，痛在心里。古人都能先天下之忧而忧，后天下之乐而乐，况乎我辈青年。国家不能昌盛发达，乡亲们受苦受难就永无出头之日！"

海阔凭鱼跃，天高任鸟飞。父母见刘伯坚如此坚定执着，便不再勉强他留下，也只好由着他了。父亲暗地里变卖了部分田产帮着筹措学费，刘伯坚又在亲戚朋友处借了几十块大洋作为盘缠。几天后，他辞别父母离开家乡，来到了繁华的省城成都。

赴法勤工俭学

走出大巴山区的刘伯坚，来到思想活跃充满生气的省城成都，他顿感天地宽阔了，惊闻世界发生了诸多变化。尤其是俄国建立了工农执政的社会主义国家，人民摆脱了剥削和压迫。这种光明的前景和希望，一下子照亮了刘伯坚的胸膛。

不久，刘伯坚考进了成都高等师范学堂（今四川大学）。在学校学习期间，他追求革命理想，积极参与和组织各种进步活动，结识了一批新思想新文化的传播者和青年运动的积极分子刘砚僧、李劼人、袁诗尧、秦德君等人。

1919年五四运动爆发时，刘伯坚带领青年学生积极响应，走上街头游行示威、发表演说，真切地感受到了中国革命即将到来的滚滚洪流。这时，在吴玉章领导下的四川旅法勤工俭学运动轰轰烈烈地开展起来了，刘伯坚积极报名申请，准备远渡重洋寻求救国之道。

1919年秋，刘伯坚来到北京参加由华法教育会创办的高等法文专修馆学习法语，为出国留学做准备。在这里，他结识了正准备赴法求学的赵世炎。赵世炎是新文化运动和五四运动的积极参与者，一直在为寻求救国救民道路而奔波。两个志同道合的年轻人走到了一起，立即产生了思想上的强烈共鸣。当时，赵世炎正在筹办《工读》杂志，便约刘伯坚写稿。

刘伯坚按捺不住内心的激动，写下了《秋月》一诗，刊登在《工读》杂志上：

很密的纱窗，遮不住耿耿月光；

这缠绵孤月，似有意给点光明，

与这黑屋子一样。

人伴着光明，月照在床上，

谁也不能入睡乡！

经过半年多的刻苦攻读，1920年6月初，刘伯坚顺利结业，并领到了华法教育会代为办理的出国护照和到上海购船票的介绍信。此时，他从家里带来的那点钱早已花完。他看到父亲经营的客栈又不景气，家里的生活自己不但没能帮上一点忙，反而家里为资助他到成都、北京求学，早已负债累累，现在怎么能再向家里开口要钱呢？去法国的船票还没有着落，刘伯坚心里十分焦急。

一天，刘伯坚与一道准备赴法国勤工俭学的两位同乡走进一家四川豆花店，想吃点家乡的味道解解馋。豆花店老板听说都是四川老乡，非常热情，便参与一起聊了起来，他们聊得十分投机。得知3位同乡是要去法国求学，寻求救国之道的，店老板就更加崇拜起来："我有幸结识3位有志之士，今天这豆花就算我请客了！希望在你们出国之前，能有机会再次为你们饯行。你们准备什么时候走？"

这一问，问得刘伯坚脸上露出为难之色。小声说道："他们先走，我还需些时日了，我的船票还没落实。"

老板说："为什么还没落实呢？一起走多好。是盘缠不够吗？"

面对真诚热情的老乡，刘伯坚只好道出了实情。

听完刘伯坚的叙说，两位同乡也都纷纷解囊相助，帮他出主意想办法。店老板被刘伯坚的经历和意志感动得热泪涟涟，他二话没说，转身回到里屋，取出了积存的大洋，走到刘伯坚身边："我最钦佩你们这些热血青年，这点大洋就送给你当盘缠了。"

刘伯坚连忙起身，感动地说："老哥，这怎么是好，你也是小本经营，在艰难中度日呀。我们学生虽穷点，但还有一双手，可以勤工俭学的，这钱我不能收。"

店老板动情地说："我们虽是萍水相逢，但我也是中国人。虽然无才留洋求学，但对有志于救国救民的青年十分敬佩，为你们出点力，也算是我对改变国家现状的一点心意，望不以其微薄而拒绝。"

刘伯坚握着这位素昧平生同乡的手，浑身激荡起一股暖流。多么可爱的人民啊！他仿佛听到苦难中亿万人民的心声，听到渴望国家昌盛发达的呐喊，感到自己选择的路走对了。他满含热泪地说："谢谢老哥子，中国有希望了！"

1920 年 6 月 25 日，刘伯坚满怀激情，登上了赴法国的轮船，开始了他探求救国救民真理的远航。

刘伯坚和各地赴法勤工俭学的学生共 97 人，这是第 14 批旅欧的学生。他们坐的都是邮轮四等舱。轮船上，每日只开两餐饭，供应的面包全是酸的，水是咸的，吃不下去就只好饿肚子。邮轮从上海起航，经香港、新加坡，于 7 月 13 日抵达哥伦

布，又历经近 3 周的风浪颠簸和旅途劳苦之后，8 月 4 日抵达马赛港，刘伯坚一行终于平安到达了目的地。

创建留学生劳动学会

留法勤工俭学运动是中国新民主主义革命之初，一群求学若渴的热血青年上演的一场激动人心的革命历史活剧，先进的知识分子在这场伟大的剧目中扮演着重要的角色。因此，造就了像周恩来、朱德、邓小平、陈毅、徐特立、李富春、聂荣臻、蔡和森、赵世炎、王若飞、向警予、李维汉等一大批伟大的中国革命先驱者和栋梁之材。

刘伯坚一行到达法国马赛港，没作停留，便马不停蹄地踏上了开往巴黎的火车。

来到巴黎，刘伯坚见到了先期来法的赵世炎、蔡和森、陈毅、李富春、邓小平等人，这时，他才知道来法国勤工俭学的中国学生已有 1000 多人，年龄最小的 15 岁，年龄最大的 50 多岁。徐特立先生 40 多岁，在国内早已蜚声教育界，也不远万里来法国探求救国真理。更让他惊讶的是，蔡和森全家赴法学习，蔡母葛健豪 50 多岁，豪气丝毫不减。他们身上表现出来的一股革命热情，让刘伯坚感动不已，深感使命重大。

与刘伯坚同批来法的同学都被分散到各地去了，他暂时留在了巴黎。巴黎美丽的景色和高大的建筑，让他产生了无限的遐想，暗自下定决心，要改造自己的国家，振兴中华民族，把上海、北京、成都、重庆……都建成像巴黎一样的城市，让中国人民都过上好日子。

刘伯坚参观了巴黎的工厂后，看到机器制造业和先进的生产技术，使他感到现代文明、科学技术对国家富强的重要性。他决心学习理工科，学机械制造。在工厂里，刘伯坚见到了许多华工，他们见到来自国内的学生，就像见到亲人般的温暖。

美丽的巴黎留给刘伯坚梦幻般的美好印象很快就被现实生活打破。第一次世界大战后，法国爆发战后经济危机，大批工厂倒闭、工人失业，留法学生求工也遇到了前所未有的困难。刘伯坚是取得了公读生资格的留学生，每月可以按时到中国驻巴黎公使馆华法教育会领取生活费，可以没有后顾之忧地在大学里安心读书。而分散到其他各地勤工俭学的同学，因他们在那里找不到事做，也领不到生活费，有的没钱吃饭甚至流落街头，许多人又纷纷回到了巴黎。刘伯坚只好把自己的生活费分给体弱多病的同学。为了帮助同学找到工作，他四处奔走，寻找求工的门路。他自己也到码头去做苦工，推车、扛麻袋、抬机器，用汗水换得微薄的收入，用以支付房租和生活费。刘伯坚吃苦耐劳、勤奋好学、乐于助人的精神受到了同学们的交口称赞。

学生们求工无门，生活处于饥寒交迫之中。为寻求支持，刘伯坚联络李立三、赵世炎、陈公培等 22 人，联名写信给巴黎华法教育会学生事务部，反映勤工俭学学生求工困难和生活困难的情况。然而，这封信，却没有得到华法教育会的重视。

刘伯坚一面努力争取华法会的支持，一面带

领同学为生存而战。这时，他听说比利时沙洛瓦城办了一所工科性质的劳动大学，费用较低。校内开设有机械学、电机学等专业，学校能为勤工俭学的学生提供宿舍，校外还有工厂，可以做工维持生活。这对于勤工俭学学生来说，简直就是一个"天堂"。于是，他和部分同学办好入境手续，离开法国来到比利时勤工俭学。沙洛瓦是比利时一座重要的工业城市，有较发达的煤炭工业和锅炉制造业。沙洛瓦劳动大学是比利时社会党人创办的，学校里的教员有不少是有名望的学者、教授或工厂里的高级工程师。当他们来到这里后，发现并不是像说的那样，求工也很困难，大多数同学仍然生活无着落。

沙洛瓦有铁路连通德国和法国，是法国巴黎和德国柏林之间的必经城市。刘伯坚为了同学们的勤工俭学问题，常常奔波于巴黎和沙洛瓦之间。

一天，刘伯坚和赵世炎、李立三来到巴黎的鲁克桑布尔公园，他们在草坪上席地而坐，商讨如何帮助同学们解决学习、生活和求工等困难问题。

赵世炎说："眼下工厂倒闭，工人失业，同学们勤工无路，有的连吃饭都成了问题，我们大家得想想办法，帮助他们渡过目前的窘况啊！"

刘伯坚说："我相信靠勤工俭学是可以解决当前困难的。我们有知识，有健全的大脑，有勤劳的双手，有健壮的体魄。关键是各自为战不行，要团结一心，靠集体的力量来解决当前的问题。同时，还要积极争取在法华工的帮助和支持，他们是我们的同胞和兄弟姐妹。"

赵世炎高兴地说："好，我正有这个意思。咱们组织一个劳动学会，把大家组织起来、团结起来，把他们的积极性调动起来，发动大家联系门路，团结留学生自力更生，勤工俭学，渡过难关。同时，劳动学会也吸收在法华工参加，他们可是一支不可忽视的力量啊！"

李立三接过话茬说："这个意见好，我回去马上就起草纲领，写宣传文章。"

经过刘伯坚、赵世炎、李立三等人的反复磋商，1921年年初，劳动学会在法国巴黎成立，并迅速得到了广大同学的热情参与和支持。

劳动学会经常开展形式多样的活动，畅谈国

内革命形势，交流学习马克思主义的心得体会，讨论勤工俭学现状，帮助同学们联系工作，找勤工门路。刘伯坚还建议：劳动学会的会员每周要用一天的时间到华工中去做调查，了解华工的疾苦，和他们交朋友，为他们服务，把华工团结起来。马克思说，工人阶级是资本主义的掘墓人，革命的知识青年要走与工农相结合的道路。

1921年1月12日，华法教育会突然宣布同勤工俭学学生脱离经济关系，停止发放学生的生活维持费。这一决定，使本来生活就十分窘迫的学生更加艰难。学生们推选代表，去见中国驻法公使陈箓。在同学们的强烈要求下，公使陈箓被迫联络驻巴黎总领事廖世功、华法教育会会长蔡元培、留欧学生监督高鲁，于1月18日联名向北洋政府发出请求，解决勤工俭学学生求生存和求学权问题的通电。然而，等来的复电却是："查明志愿归国各生实系无力自给者，准予代购船票，遣送回国。"

消息一传开，立刻激起了留法勤工俭学学生的强烈不满。

刘伯坚听到消息后十分着急，急忙从沙洛瓦赶到巴黎找到赵世炎、李立三商议办法。他们一边呼吁，一边组织学生请愿。2月28日，请愿之举终于爆发。500多名留学生集体游行，穿街过巷，来到驻法公使馆门口的广场上，然后派代表去见陈箓，争取"三权"——吃饭权、工作权、求学权。这时，突然来了400多名法国警察，他们手执警棍，驱赶学生，并逮捕了学生代表。

　　刘伯坚知道学生们挨了打，十分气愤，立即与赵世炎、李立三共同起草宣言，并以劳动学会的名义声援请愿学生，严厉谴责陈箓勾结法警殴打学生的行径，并且号召全体留学生团结起来，坚决维护自己的合法权益。

　　声明发表后，引起了法国人民的同情，并得到旅法各团体的声援，广大留学生纷纷发起请愿，共同开展斗争，迫使陈箓不得不同意继续给失工和候工留学生3个月的生活维持费，并答应与勤工俭学学生所在学校校长交涉，允许留学生继续学习。

为正义而斗争的领头人

一天，赵世炎告诉刘伯坚，说周恩来也来法国了，就住在拉丁区的寓所里。这让刘伯坚激动不已。于是，他和赵世炎相约来到周恩来的寓所。一阵寒暄之后，刘伯坚和赵世炎分别向周恩来介绍了留学生的情况以及劳动学会组织活动的情况。周恩来对留学生状况了如指掌，他呼吁：全体勤工俭学的同学们，赶快团结起来啊！要为争取生存权、求学权而斗争。周恩来谈到除组织留学生勤工俭学外，还要广泛开展学习马克思主义的一些问题，使刘伯坚受益匪浅。

留学海外的学子们以"勤于工作，俭以求学，以进劳动者之智识"为宗旨的勤工俭学运动蓬勃开展、学习宣传马克思主义的热潮迅速兴起之时，一场大规模的爱国主义"拒款运动"在勤工俭学的学生中爆发了。

1921年4月间，北洋政府派内务总长朱启钤到巴黎与法国政府商谈中法借款一事。借款总额起初为3亿法郎，而北洋政府实际拿到的仅为7500万法郎。其中2亿法郎要交付给因经济危机即将倒闭的中法实业银行，2500万法郎被当事人作为回扣中饱私囊。也就是说，北洋政府用丧权辱国的借款来扶持挽救即将破产的法国资本家。而且借款条件是以全国印花税、验契税作抵押，以滇渝铁路建筑权和全国实业购料权作交换。这种赤裸裸的卖国行径，激起了在法和在欧各地中国人的强烈抵制。

6月中旬，周恩来联合旅法华工会、中国留学生联合会、国际和平促进会、亚东问题研究会、巴黎通讯社、旅欧周刊等六家团体组成反对借款委员会，发表通告，揭露"中法借款"事实真相及内幕，谴责北洋政府的丑行，并通过宣言书，号召国内同胞和各国华侨"联合一致以反对非民意之借款"。刘伯坚、王若飞等组织召开会议，印发传单在全体勤工俭学的学生和华工中散发。很快，法国和比利时勤工俭学的学生和华工迅速联合起来，分别派出代表在巴黎哲人厅召开拒款大会，研究行动对策。会前，两次写信给驻法公使陈箓，请他出席会议，均遭到推诿拒绝。

北洋政府不但没有把广大爱国学生的正义行动放在眼里，继而与法国政府多次密谈，变本加厉地将3亿法郎借款增至9亿法郎。法国《巴黎时报》于7月25透露出中法借款合同已经商定并草签后，群情更加激愤。为组织更强有力的反对声势，刘伯坚频繁往来于比利时与法国之间。他四处奔波，活动于各团体之中，动员各群众团体通电国内，揭露卖国政府的借款罪行。这一行动，引起了国内人民的高度关注和强烈抗议。

8月13日，周恩来、赵世炎、刘伯坚等人再次在巴黎哲人厅召开第二次拒款大会。聂荣臻、王若飞、徐特立等以及华商、华工、留学生和各群众团体代表300余人出席了会议。大会推举毛以亨为大会主席，报告"中法借款"经过。

正当毛以亨在主席台上作借款报告时，驻法公使陈箓的一等秘书王曾思带着另一位二等秘书突然闯入哲人厅。大家立即要求王秘书公开秘密借款真相，但王秘书却酸溜溜地说："借款这件事，也不知是哪里捏造的，实在没有这个事，诸位也不知看的什么报，请拿来我瞧瞧，我们公使馆都没见过，至于说陈箓签字，那更是谣言……"

王秘书的傲慢和谎言，激起了与会者的极大愤怒。刘伯坚更是气愤至极，他从座位上站起来，愤怒地吼道："你这大卖国贼，看来不打你是不肯招供的！"坐在前边的几位热血青年早已怒不可遏，一哄而起将王秘书打倒在地。

在强大的声势和压力面前，王秘书不得不说出了实情。最后，大会通过了拒绝借款议案，王曾思秘书也在议案上签了字。

"拒款议案"由拒款委员会电告国内各大报馆，并送法国外交部。法国政府害怕事态扩大，只好宣布暂缓借款。延续两个多月的拒款斗争，至此宣告胜利结束。

"拒款运动"的胜利，显示了勤工俭学学生及华工团结起来的力量，促进了留学生新的觉醒。这次斗争，也使法国资产阶级亲眼看到了中国青年从五四运动以来爆发出的不怕军阀统治压迫、不受洋人欺侮、爱国家、爱民族的凛然正气。

刘伯坚始终置身于运动的前列，是这几次运动的中坚力量，不仅得到了全面的锻炼，也显示了其卓越的组织和领导才能。同时，也使他切身感受到"团结即是力量"的根本所在。

刘伯坚回到比利时沙洛瓦后，按照劳动学会的宗旨，把沙洛瓦劳动大学的同学组织起来，积极想办法为同学们找工做，共同克服眼前的困难。尤其是带头学习马克思主义，研究和探讨中国的前途和命运问题。他们还创造条件，尽可能接待那些在法国求工求学困难而愿意来比利时的同学。

"拒款运动"之后，靠维持费生活的学生更加艰难，同学们即便是找到了工作，也都是些散工、苦工。生活中的困难，在刘伯坚等人的帮助下，还是可以克服的。然而，就在这一年，驻法公使陈箓和里昂中法大学校长吴稚晖等人勾结，在学校开学时，公然拒绝招收勤工俭学的学生。这让刘伯坚感到十分愤怒，他立即赶到巴黎，来到拉丁区周恩来寓所商量对策。

周恩来见到刘伯坚很是高兴，赞扬了他在组织"拒款运动"中发挥的重要作用和产生的积极影响。并说，拒招之事，在法国勤工俭学学生中已引起较大的骚动和不安。勤工无门，求援无助，绝望了，途穷了，终须改变方向；势单了，力薄了，更须联合起来。

刘伯坚说："您的意思我懂了。马克思、恩格斯曾号召'世界的工人们，联合起来啊！'我们也需要全体勤工俭学的同学们，赶快团结起来！"

刘伯坚告别了周恩来，又找到赵世炎、李立三、徐特立、黄齐生等人，一起前往公使馆面见陈箓，要求答复勤工俭学学生提出的问题。陈箓不但断然拒绝了留学生提出的请求，还宣布了中国少年监护委员会的决定：从9月15日起，停发勤工俭学学生生活维持费。这使700多名既无工作又未入学的青年学生陷入绝境。

面对这种情况，刘伯坚、赵世炎、蔡和森、李立三、陈毅等人，立即在巴黎组织召开学生代表大会，宣告成立勤工俭学学生联合会。

他们宣言：为谋勤工俭学全体的根本解决，

以开放里昂中法大学为唯一目标。

9月20日早晨，勤工俭学学生联合会紧急作出决议，决定当日组织先发队100余人，移驻里昂中法大学，占据"里大"；要求各学校、各工厂勤工的同学接到通告后，即日组织援里队，陆续向里昂出发。

21日早晨，在刘伯坚、赵世炎、陈毅、蔡和森等人的带领下，135人的青年学生先发队，来到里昂中法大学校门前的草坪上，然后派出代表会见里昂中法大学当事人。

学校当事人拒不接见学生代表，而法国当局只允许学生在校内一间空房里暂住，不准学生成群出入。接着，派来800多名法国警察，监视学生，收走了先发队员们的法国居留证。

9月22日，又有数十名荷枪实弹的法国警察来到里昂中法大学，用武力威逼学生们走出校门，将125名学生赶上汽车，送往兵营，把学生当作囚犯一样扣押了起来。

聂荣臻和在法其他地方的学生闻讯后也都纷纷赶到里昂，勤工俭学学生联合会留法代表立即到公使馆要求陈箓出面解决。陈箓说："法政府很不满意这100多人的行动，决定遣送回国。"聂荣臻等人想尽各种办法，只是从兵营中救出了赵世炎、刘伯坚等21人，李立三、蔡和森、陈毅等104人被法国当局拘押20多天，受尽侮辱后遣送回国。

刘伯坚被解救出来后，他和聂荣臻等人怀着极其沉痛和复杂的心情，来到巴黎公社墙，缅怀曾建立第一个无产阶级专政政权的巴黎公社的英烈们。刘伯坚面对公社社员墙，感触极深，联想到占领里昂中法大学的失败，心潮翻滚。他说："要推翻一个黑暗腐朽的旧制度，必须要有一支革命的军队。"

聂荣臻也感叹道："我抱着科学救国、实业救国的理想，1920年1月到法国马赛，由于不懂法文，既找不到工作，也无法进入学校学习。现正在德洛中学进修法语，眼下，求工困难，求学更不易，真是'上穷碧落下黄泉，两处茫茫皆不见'。茫茫人生，何处是坦途？"

刘伯坚听后，向聂荣臻介绍了比利时沙洛瓦

劳动大学的情况，建议聂荣臻到沙洛瓦来学习。
1921年10月，聂荣臻办好了手续来到了沙洛瓦。

旅莫党支部书记

留法勤工俭学的3次斗争锻炼了刘伯坚，也教育了刘伯坚，使他清醒地认识到资本主义世界不属于人民，那里仍然是黑暗的。

此时，中国共产党诞生的消息传到法国，给刘伯坚和旅欧的广大留学生以极大鼓舞，让正在苦苦寻求光明的热血青年们看到了中华民族的真正希望。

当时，共产主义运动在西欧的影响很大，马克思主义的小册子很多，刘伯坚一边勤工俭学，一边与赵世炎、周恩来等人一道努力学习并积极传播马克思主义，宣传俄国十月社会主义革命成功的经验。刘伯坚认真研读了《共产党宣言》《共产主义运动中的"左"派幼稚病》《国家与革命》《共产主义 ABC》和《法兰西内战》等书。

1922 年 3 月，周恩来迁居德国柏林，而比利时的沙洛瓦是法国巴黎去柏林的必经之地，周恩来、赵世炎常到沙洛瓦与刘伯坚相聚，他们在相互的学习和交流中，建立起了深厚的革命友谊。刘伯坚看到，留法勤工俭学的学生中，通过学习马克思主义著作，阶级觉悟有了很大提高，对资本主义有了深刻的认识，对马克思主义也有了初步信仰，于是，他们商量决定筹建旅欧中国少年共产党。

周恩来说："我考察研究了西方的各种主义，终究觉得只有社会主义是真正能改造旧世界的对症药方。中国决不能例外。"

赵世炎说："我看中国将来的改造，完全适用于社会主义的原理和方法。"

周恩来继续说道："先要组织党——共产党。因为他才是革命的真正发动者、宣传者、先锋队、作战部。"

刘伯坚赞同说："有了共产党，革命运动才能有神经中枢。"

不久，周恩来、赵世炎、张申府、刘清扬、陈公培、刘伯坚、陈乔年、陈延年等组成了共产主义小组。方向明确后，共产主义小组成员便分头行动。周恩来、赵世炎、刘伯坚分别在德国、法国、比利时的勤工俭学学生中培养积极分子，筹组中国共产主义青年团旅欧支部。刘伯坚在比利时先后发展了聂荣臻等进步青年加入中国少年共产党组织。

1922年6月3日，赵世炎、周恩来、刘伯坚等18人分别代表旅法、旅德、旅比的中国少年共产党员，在巴黎郊外布伦森林中，召开了旅欧中国少年共产党第一次代表会，建立了旅欧中国少年共产党，赵世炎担任书记。

不久，他们得知国内已建立了中国社会主义青年团后，就与国内党、团组织取得联系。1923年2月，中共中央和青年团中央决定，旅欧"少共"正式改名为中国社会主义青年团旅欧总支部，周恩来任书记，刘伯坚为候补委员。同时，成立了旅比、旅法、旅德3个支部，领导各地的工作，刘伯坚任旅比支部书记。

此时，刘伯坚把全部的精力投入到革命事业

远渡重洋为救国

中，他更加真切地感受到，没有人民当家作主的无产阶级专政和兴旺强盛的国家，就没有个人的前途。因此，刘伯坚更加精神焕发，频繁地往来于巴黎、沙洛瓦之间。

1923 年 11 月，党中央决定选派第二批优秀党员赴莫斯科东方大学学习，为国内革命高潮的到来准备干部。刘伯坚是这次被选派的人选之一。

莫斯科东方大学是一所培养东方各被压迫民族革命者的学校。从 1921 年开始，刘少奇、任弼时、萧劲光、王若飞、赵世炎、李富春、邓小平、蔡畅等先后在这里学习，然后相继回国，投入轰轰烈烈的革命斗争。

刘伯坚来到中国班学习，一面刻苦攻读《十月革命史》《俄共（布）党史》《世界革命史》《工人运动史》和《政治经济学》，一面努力研究苏联红军建军和军队政治工作经验。他积极工作，待人和蔼，受到学员们的拥护和喜爱，在中共旅莫支部改选中，被大家一致推选为支部书记。

刘伯坚任支部书记后，一手抓学习和生活，一手抓旅莫党团员的思想政治教育。他制定了《军事训练二十一条》，号召党团员要彻底铲除一切非无产阶级思想，树立无产阶级思想，树立马克思主义人生观。生活上要求严格，作风上正派不苟。既注重革命大节，也不放松生活小节。同时，建立了严格的汇报和相互监督制度。

刘伯坚不仅要管党团组织生活，还管他们日常生活中的各种事务；不但管理中国留学生，还承担旅苏华侨事务。旅莫支部因此被大家亲切称作党内的驻苏"大使馆"。

李大钊、蔡和森、李立三先后应刘伯坚之邀到莫斯科东方大学参观访问和讲学。革命领导人的报告，使东方大学学员对国内革命形势和现状有了更多的了解。特别是蔡和森的报告，对我党不长的历史作了精辟科学的总结，对中国的现状、中国革命的性质和前途、党的组织建设、党的任务、建党以来党内的思想斗争都作了总结，深受学员们的欢迎。刘伯坚把这个报告印成小册子，广为散发，成为我党最早的一本"党史"留传至今。

就在刘伯坚忘我工作之时，国内形势也发生了剧烈的变化。由广州革命政府发起的东征战役，引发了全国各地反帝反封建的斗争。1925 年 5 月 30 日，上海爆发的反帝爱国运动，掀起了大革命的新高潮。为支持上海人民的反帝爱国运动，6 月 17 日，广州和香港爆发的规模宏大的省港大罢工，给了帝国主义沉重打击。然而，北方各系军阀大动干戈，冯玉祥的国民军（也称西北军）在军阀混战中失利。为争取这位爱国将领，中共北方局李大钊及时对冯玉祥予以关心帮助，精心安排他赴苏联考察学习。

刘伯坚接到国内党中央和共产国际的指示后，立即组织东大学生，准备迎接冯玉祥将军的到来。

1926 年 5 月 9 日，冯玉祥将军一行到达莫斯科火车站，受到苏联政府、军队、中国留学生和各界人士共 500 多人的热烈欢迎。学生们挥动着手中的小旗，热情地高呼"欢迎国民军领袖""中国国民军万岁"的口号，让冯玉祥感动不已。

刘伯坚把争取冯玉祥的工作作为一项重大任务，他经常到冯玉祥住地去拜访，一起畅谈俄国十月革命的成功经验，分析中国革命形势、商讨中国革命大计，向他耐心细致地讲解马列主义基本原理和孙中山新三民主义的精神、政策，讲解国共合作、建立统一战线反帝反封建斗争的历史责任。同时，还讲一些哲学、唯物辩证法和政治经济学。

为了让冯玉祥深入了解共产党的组织形式，切身感受共产党人的作风和纪律，刘伯坚组织召开东方大学学生欢迎会，请冯玉祥上台讲话，并安排他参观中国学生宿舍，与中国学生一起交谈。刘伯坚的杰出才能和一丝不苟的工作精神，深受冯玉祥佩服。

考察期间，刘伯坚多次与冯玉祥恳谈，由此取得了冯玉祥的高度信任，并建立了深厚的友谊。经过苏联政府领导人、共产国际负责人和在莫斯科的刘伯坚等人的努力争取，冯玉祥对孙中山的新三民主义有了一定的了解，对"联俄、联共、扶助农工"的三大政策表示能够接受，还表示要走十月革命的道路，向苏联共产党学习；军队要改组，要向苏联红军学习；红军的政治工作制度好，西北军中也要设立政治部，并"深切地感受到要想革命成功，非有鲜明的主义与参加为行动中心的党组织不可"。

03 西北治军显奇才

推动五原誓师

1926年春，反动军阀刘镇华纠合10万人马围攻西安城，当时守城的杨虎城、李虎臣等部不到万人，虽经城内军民严防死守，但因军力物资不济，西安城防危在旦夕。

当时正值广州国民政府为推翻帝国主义和封建军阀统治的北伐战争刚刚开始，中国共产党北方局书记李大钊委派国民党元老、爱国进步人士于右任前往苏联，邀请在此考察的冯玉祥将军回国，率部响应北伐、解救西安之围。

于右任到达莫斯科后，受到了斯大林的接见，然后立即和刘伯坚等人一起与冯玉祥见面。

于右任向冯玉祥转达了李大钊的邀请，详细介绍了国内情况，并陈明利害。冯玉祥高兴地接受了李大钊进军西北，解救西安和出兵潼关、策应北伐的意见，当即表示："我应立即回国，重振旧部，高举反帝、反封建、打倒军阀列强的大旗声援北伐。"

接着，冯玉祥转向刘伯坚说："我早已归心似箭，玉祥恳请你大驾，随我这粗人回国，重振西北军军威。我需要你，中国革命需要你，我恳请共产国际批准你回国。"

刘伯坚接过话茬说道："不是声援北伐，而是参加北伐，谱写中国革命史的华章！"

刘伯坚对于回国参加北伐战争非常高兴。出国求学已六载，正是报效祖国时。他知道祖国正处于水深火热之中，人民血汗之所获，尽被兵匪掠夺，苛捐杂税如牛负重，百姓终年辛苦不得一饱。在军阀混战中，冯玉祥的国民军一败涂地，收编、改造的工作任重而道远。刘伯坚决心从国民军司令部抓起，从冯玉祥身边的人和事抓起，以实施政治治军之目的。

1926 年 8 月 17 日，冯玉祥、刘伯坚、于右任和共产国际给冯玉祥派的顾问乌斯曼诺夫等一行乘坐一列货车急匆匆地悄然回国。

既要革命，就要有革命者的样子。刚刚进入国内，途中短暂停留时，冯玉祥不顾疲劳，就请刘伯坚组织开会。刘伯坚觉得，这正是他要政治治军的第一步。他立即进行了会前布置和安排。可是，会议刚一开始，冯玉祥部下有的人竟视开会为儿戏，把会议室当茶楼酒店，嬉戏无常，尤其是他的秘书何其巩，开会时不是轻率谈话就是插科打诨，完全没有开会的样子。于是，刘伯坚针对这些现象，现场进行严肃的批评：

"我们是一支正规的部队，不是散兵游勇，部队就有部队的规矩、部队纪律，纪律是决定一个部队有没有战斗力，能不能打胜仗的重要因素。可是，我们有些人就不是这样，把开会当儿戏，随便嬉笑，不讲规矩……"刘伯坚当着冯玉祥的面，对秘书何其巩等人的行为进行了批评，并规定了开会的纪律，提出了明确要求。冯玉祥被刘伯坚这种严肃认真、一丝不苟的精神所感动。会上，他虽有些尴尬，但还是大度地批评了部下，自己也作了检讨，并当场订下规矩，严肃会议纪律。

正当冯玉祥一行人在茫茫的内蒙古草原上驱车南下时，突然遭遇一支衣衫褴褛的队伍。冯玉祥当即大喊停车，不一会，几个人策马向他们飞奔而来。待靠近时，冯玉祥看清并认出他们是国民军第1军骑兵旅旅长王镇淮，还有军官学校的宋士颜、黄中汉等人。冯玉祥大声喊着王镇淮的名字，他们见是冯总司令，顿时悲喜交加，都在马路边跪了下来。冯玉祥上前扶起他们，与他们拥抱，将士们痛哭流涕。

王镇淮痛哭着说："总司令，我们对不起您啊！"

原来，冯玉祥领导的国民军在反奉战争中失利，通电下野去了苏联后，接任国民军总司令的孙连仲，将部队撤退至京西的南口镇防守。这时，奉系、直系、晋系军阀组成50万人的"讨赤联军"向国民军发动进攻，激战4个月之久，国民军伤亡过半，在弹尽粮绝的情况下，余部向绥远、包头一带撤退。这群向西溃退的官兵，生者无衣无食，蓬首垢面，犹如乞丐。伤者无医药治疗，悲号于路，痛不欲生。尤其是部队撤退时群龙无首，军心涣散，基层官兵感到前途渺茫，不是进退无路投降敌人，便是投靠军阀阎锡山。

听说冯玉祥归来，那些溃散的部队、离开的士兵，无不欢欣鼓舞。冯玉祥就像磁铁一样，把许多散落的士兵又吸了回来。

但面对溃军，既无粮草又无装备的冯玉祥还是显得束手无策。

刘伯坚则认为，无论困难再多，形势再险恶，首先要让部队振作起来，军心不能散。于是，他大声说道："诸位将军，眼前的这点失败只是暂时的，但要看到我们取得的伟大胜利啊！广州国民革命军自北伐以来，以摧枯拉朽之势，席卷长江南岸。北伐军在湖南、江西、福建3个战场发动了声势浩大的进攻，占领长沙后长驱直入，攻下岳州；在攻打汀泗桥、贺胜桥的两个战役中，震慑敌胆，重挫了吴佩孚的有生力量，狠狠地打击了直奉军阀的嚣张气焰。南方的胜利，对我们大大有利，希望大家要看到前途，看到光明，胜利一定是属于我们的！"

听了刘伯坚这一番话，冯玉祥部下大为慑服，立刻振作起了精神。冯玉祥命令王镇淮带领部队迅速赶往五原集结。

冯玉祥、刘伯坚、于右任等登上汽车，也加入了赶往五原的队伍行列。

沿途一路，到处都能看到溃散的国民军兵士，有的散着军衣纽扣、拖着鞋，有的在街上乱跑，有的光着膀子，坐在老百姓家门口捉虱子。其纪律松弛和混乱状况可见一斑。

冯玉祥、刘伯坚看到这种状况，感觉到国民军的溃散状况比他们想象的还要严重。但冯玉祥对重振部队信心十足，因为他受到这次旅苏共产国际的影响，加上有刘伯坚、乌斯曼诺夫等共产党人的支持和帮助，有会做政治工作的刘伯坚来到军中。于是，决定赶到多数国民军的撤退地五原一带收编部队。

9月16日下午，冯玉祥等人赶到五原，驻五原的国民军将领和士兵，热烈欢呼冯玉祥的归来。冯玉祥、刘伯坚不顾旅途疲劳，立即召开各军将领会议，于右任、邓宝珊、鹿钟麟、孙岳、方振武、弓富魁等都一致推举冯玉祥为总司令，并坚决定第二天举行誓师大会。

9月17日，冯玉祥面对数万将士，在誓师大会上宣誓就任国民军联军总司令，于右任以国民党中央执行委员会常务委员的身份授旗，冯玉祥接受军旗，并宣读誓词：

"国民军联军自今日起，以国民党之主义，唤起民众，铲除卖国军阀，打倒帝国主义，以求中国自由独立，并联合世界上以平等待我之民族共同奋斗，死生与共，不达目的不止。此誓！"

全场万众呼声雷动。慷慨激昂的誓言，在广阔的五原大地上空回响。

接着，刘伯坚宣读通电："改五原县为义旗县，颁布治军新条令：烟酒不戒，嫖赌毕戒。除去骄惰，除去奢侈。实行勤俭，为党牺牲。国民革命，方能成功。"冯玉祥将这些誓言称之为"九·一七新生命"，作为士兵的政治准则。

誓师后，刘伯坚即任国民军联军政治部副部长，主持政治部工作。

助溃军起死回生

五原誓师后，刘伯坚深入各部队调查了解情况，他深深地感受到原西北军部队官兵，尤其是基层官兵的军政素质较差，江湖习气很重，一派散兵游勇的状态。总司令冯玉祥赴苏之前还是基督教信徒，并以"基督将军"自称。他不懂党务，甚至连一些开会的常规和程序都不懂，更不习惯严肃地坐在会议桌前认真地讨论问题。

要把这样一支旧军阀队伍改造成为名副其实的革命军队，刘伯坚深感肩上的担子很重，但他心里明白，摆在当前的有3项工作必须要做：一是建立各级政治工作机构；二是必须要有大批共产党员和政治工作干部充实到队伍里来；三是举办各种干部训练班或军政干校，培养军队的骨干。

深夜，刘伯坚忙完手头工作，提笔给中共北方局负责人李大钊写信，讲述了五原誓师的情况和国民军联军的现状，请求派优秀党员同志前来相助。

很快，中共北方局同意了刘伯坚的建议和要求，陆续向国民军派来200多名共产党员。

在政治工作机构设置方面，刘伯坚首先在政治部设立组织处、宣传处、总务处三大机构，并规定军、师、旅、团、营各级均设立政治部。中央和北方区委、粤区党委先后输送来的大批党员干部，进入各级政治部门工作后，极大地促进了国民军联军工作方式及内部关系的转变。先后来这里工作的宣侠父、陈延年、刘志丹、李联珍、邓希贤（邓小平）等，他们都是极富政治工作能力的优秀党员，为改造这支旧军队做了许多极其艰苦的工作，发挥了重要的作用。

一天，刘伯坚收到李大钊发来的要求国民军联军"平甘援陕，东出潼关，与南方北伐军会师中原"密电，他喜出望外，立即向冯玉祥作了汇报，并详细谈了整训部队、加强政治工作的设想和打算，得到了冯玉祥的高度赞同。

冯玉祥在随后召开的全军团以上各级将领会

议上向众将领宣布："今后全军的党务、政治、宣传、组织、训练等工作，概由刘伯坚负责。他的话，就是我的话，他的指示，就是我的指示，如有违抗，军法从事。"

刘伯坚在会上阐述了他的政治治军计划："西北国民军联军和南方国民军都是中国的革命军队，是以打倒军阀，打倒封建列强，驱除帝国主义的侵略，建设民主、平等、幸福、繁荣的新国家为己任的革命队伍。冯总司令十几年来，呕心沥血，流血奋斗，就是为此目的。我们的军队，不仅要有革命的目标，更要有革命的纪律和严明的组织。我们的将士，多数是穷苦农民的子弟，当兵只是为了吃饭，并不问为谁打仗。以前只是军阀手中的工具，现在和今后必须成为人民革命的工具，要让每个士兵都知道革命的目标和意义，知道在为谁打仗，为什么打仗，才能使我军永远立于不败之地，才能成为人民信赖的军队。"

刘伯坚接着又说："我在苏联，系统地学习和研究过苏联红军的政治工作和政治工作人员制度，有许多东西值得我们借鉴和学习。我提议，全军取消北洋军阀体系的将校尉军衔，改为三等十二级的编制。废除肉刑，废除打骂制度，提倡官兵平等，连队成立士兵委员会；军服改苏式，头戴八角帽，官兵佩戴红色臂章、袖章，印上'真爱民、不扰民、誓死救国'的字样，要让'真爱民、不扰民、誓死救国'这10个字，牢牢地刻印在全军将士的心坎上。"

刘伯坚继续慷慨激昂地说："全军立即实行朝会制度，从司令部到各军、师、旅、团，早有朝会，周有周会，政治问答、队列练习、兵教官、官教兵，此事刻不容缓。"

刘伯坚提出的一系列改革，得到了冯玉祥的充分肯定。冯玉祥历来重军事轻政治，为此吃了不少苦头。他这次从苏联考察回来，不但受到革命精神的熏陶，思想上也受到很大的启发。

冯玉祥感慨地说："我感觉最迫切的是政治训导方法。一则新败之余，精神涣散；二则革命主义，急需灌输。不仅旧有的纪律与精神要恢复，更要进一步使之成为有主义有信仰的革命部队。根据刘伯坚的意见，结合我军现实状况，我提出3个口号，一是军队政治化，二是打破官僚习气，三是废除阳奉阴违的恶根。"

1926 年 9 月 27 日，在刘伯坚和于右任的精心组织下，中国国民党国民军联军召开了第一次全军代表大会，大会选出刘伯坚、方振武等 12 人为执行委员；冯玉祥、于右任等 5 人为监察委员。会后，成立了最高特别党部，并向全军发布了刘伯坚起草的《关于军队所到之处必须帮助发展地方党务和民众团体》的电令。

这封电令，不仅对国民军联军中的政治工作起到了巨大推动作用，而且对甘肃、宁夏、陕西、河南、内蒙古等地的工运、农运、学运等群众运动也产生了积极的影响。

五原，这座曾经荒芜冷清的古镇一下子变得生气勃勃起来了。每天早晨，军号声声，营以上军官迅速集合在广场上，先由冯玉祥或刘伯坚训话，或讲革命史。每日按簿点名不得缺席，上至军长，下至营长，一律点名列队，纪律之严明，令人惊叹。

五原誓师以来，这支南口败北之军终于焕发

了前所未有的生机和活力。中共北方局书记李大钊"请冯重振西北军，解救西安之围"的计划终于可以实施了。

深夜，冯玉祥、刘伯坚、于右任等人围在沙盘前，研究"固甘援陕，联晋图豫"的战略计划。

此时，西安形势更加危急。杨虎城、李虎臣坚守抵抗已数月，城内粮尽弹缺，仍然顽强抵抗，不失西安城内一寸土地。

冯玉祥说："革命的形势迫使我前往。西安城内数万饥民奄奄待毙，早一日解围西安，数万军民就多一线生机。"

"我赞同总司令的看法。总司令能置生死于度外，忠心救国，刘伯坚愿随同前往。同生死，共患难，救国救民。"

冯玉祥说："召回国民军投晋各部，我决心已定！"

第二天，冯玉祥、刘伯坚轻车简从，从五原到包头，去做争取投靠晋军阎锡山的石友三、韩复榘的工作。由于军心所向，争取工作进行得十分顺利，使国民军联军的队伍进一步壮大。整训以来，部队迅速发展到 20 多万人，占据陕、甘、宁大部分地方。

于是，冯玉祥、刘伯坚、于右任等人根据李大钊密电精神，精心制订了"先解西安之围，而后兵出潼关，与广州北伐军会师中原"的作战计划：先派遣佟麟阁、孙连仲两师入甘，以助原留在甘肃的孙良诚、张维玺部，肃清吴佩孚指使叛乱的张兆钾、孔繁锦、韩有禄、宋有才等部，然后以孙良诚为援陕总指挥，率领七路大军向西安挺进。

在孙良诚的指挥下，国民军联军将士经过 40 余天激战，消灭了围攻西安城达 8 个月之久的反动军阀刘镇华部。1927 年 11 月 28 日，西安胜利解围。

改造旧军队

为了提高部队的军政素质，在中共北方局的大力支持下，刘伯坚协助冯玉祥在五原、包头、银川、兰州、西安等地办了多所军政干部学校，还办起了高级教导团、军官教导团、军士教导团、骑兵教导团等，招收大批进步青年学生、下层军官和有文化的士兵入校学习，经过短期训练，回去后大都成为部队的骨干力量。

各学校除学军事课程外，还学习《三民主义》《国民革命概论》《帝国主义侵略中国史》《帝国主义》《农民运动》《青年运动》和《军队中政治工作》等政治课。刘伯坚还将冯玉祥写的《革命精神书》《九·一七新生命》和自己编写的通俗政治读本，印发给学员，帮助他们提高思想觉悟，激励斗志。

刘伯坚每期都要亲自去讲课。他讲授的课程有：《社会主义概论》《劳工神圣》《共产主义ABC》《国家与革命》，以及孙中山先生的《新三民主义》和《中国国民党第一次全国代表大会宣言》等。刘伯坚讲课很生动，深入浅出，很受学员的欢迎。每逢刘伯坚讲课，全场总是鸦雀无声。当时，武汉汪精卫政府也派来几个教员讲三民主义，他们歪曲孙中山的三民主义，讲的全是唯心主义，使听讲的人昏昏欲睡，与刘伯坚的讲课形成了鲜明的对比。

国民军联军的大多数军官经过短期培训和强有力的政治工作的影响，发生了脱胎换骨的变化，不仅精神焕发、生气勃勃，而且令行禁止、纪律肃然。

刘伯坚还提出了"军队政治化""军队与民众相结合""辅助工农运动"等口号，每逢部队有重大集会，他都去演讲，向广大官兵宣传马列主义，灌输革命思想。他演讲不用讲稿，娓娓而谈，密切结合部队实际，有的放矢，从而博得了官兵的爱戴，在国民军联军中，享有很高的威望。

一天，一个身材高挑、英俊魁梧的年轻军官来到政治部刘伯坚的办公室。这位军官自报家门说："我叫董振堂，是4师12旅旅长，想请您去给士兵讲几句话，不知部长能否安排出时间？"

"当然可以！"刘伯坚爽快地答应了董振堂的邀请。接着问道："你想让我给士兵们讲什么呢？"

"报告刘部长，我当兵为了吃粮，跟着冯总司令多年来，仍然不明白为什么要打仗，为谁打仗？南口阻击战时，我在工兵团，修筑了坚固的工事阻击吴佩孚、张作霖的进攻，死了那么多弟兄。南口败北，我失望过，感到前途渺茫。五原誓师和那天在干部会上，听了你讲的政治治军计划，我心中的希望又被点燃了。"

刘伯坚说："走吧，我现在就去你那里。"

刘伯坚来到董振堂旅部，全体官兵早已列队在那里等候，一双双期盼的眼睛齐刷刷地望着他。刘伯坚站在队伍面前问大家："弟兄们，你们知道为什么当兵吗？为什么打仗？是在为谁在打仗？作为一名军人，只有弄明白了这个问题，才能当好兵，才能打胜仗啊！

"我现在给你们讲一讲我们的冯玉祥总司令曾说过的一个真实故事好不好？"

战士们齐声高喊："好！"

"冯司令说，'从前当兵的时候，我并无何种目的，晚上睡觉的时候，只想我要是有一斤银子，我就坐着吃，什么事情也不干了。后来升了排长，才知道一斤银子，并不值多少钱。我就想，如果有一斤金子，我就可以吃喝无忧了。后来升了连长，我奢望更大了，我只想积蓄一笔钱，建造3间平房，每天炖一罐猪肉给我父母亲吃。谁知升到营长的时候，我就参加革命了。打那以后，我才认识到当兵参加革命的目的，是团结工农民众，打倒帝国主义，打倒军阀，消灭剥削，解除民众的贫困和痛苦，让人民都过上平平安安的好日子。'总司令的这个故事告诉了我们什么呢？人要有大志，不能只顾眼前的小利益。现在的中国军阀混战，谁是真正为民众、为咱老百姓的呢，只有中国国民革命军，所以，我们要热爱自己的队伍啊！"

刘伯坚接着说："怎么热爱自己的队伍呢？那就是要服从命令、听从指挥、遵守纪律、勇打胜仗。这是每个士兵都应该做到的，也是必须要做到的，只有做到了这些，才能算得上是合格的士兵。"

刘伯坚真情风趣的讲话，像温暖的阳光，照得士兵们心里亮堂堂的。

为了让士兵明白当兵打仗的道理，让各级军官学会做政治工作，1926年10月，刘伯坚制定了《国民军联军政治工作大纲》，印发全军执行，他走到哪里就讲到哪里，辅导到哪里。

一次，刘伯坚在冯玉祥召开的全军军官会议

上，讲解《国民军联军政治工作大纲》的意义时说："政治工作的任务和目的，就是要使每个军官和士兵都能真正了解战争的性质、战争的目的，要让他们都明白为什么去打仗，为谁而牺牲。要让他们深信我们是为推翻帝国主义、打倒军阀而战，为中国的自由独立而战，为消灭剥削和压迫而战斗的，所以，他们就有奋斗的精神，就能忍受最难堪的痛苦，就能有百折不回的决心。"

在国民军联军政治部里，刘伯坚创办了《新国民军周报》《革命军画报》，还向部队印发《向导》《中国青年》《马克思主义浅说》《资本主义浅说》和《列宁主义与中国》等读物，广泛宣传革命思想。为了活跃战士的文化生活，政治部成立了宣传队，到各部队和驻地老百姓中去演出，教战士唱革命歌曲，活跃部队的文化生活。许多进步青年在革命思想的影响下，纷纷加入共产党的队伍，走上了革命的道路。刘伯坚在国民军联军的队伍中播下许多革命的种子。

戎马半生、身经百战的冯玉祥，看到自己的部队出现如此神奇的变化，心里是莫大的欣慰。他当然知道这功劳应当归属于刘伯坚所开展的政治工作。他对刘伯坚赞赏道："伯坚办事极有精神，事事以身作则，以模范行动树立榜样。他每日工作18小时，整日孜孜不倦，真是眠食俱废，故工作有特殊成绩，部属同事对他深为敬佩。刘伯坚确实有热心，有毅力，有才干，有卓著的工作表现，我亦无法不钦佩他。"

刘伯坚还在国民军联军上层人物中交朋结友，很注意上层军官的统一战线工作，广泛团结一切可以团结的、有志于民族解放的志士仁人。与他建立了良好关系的高级将领就有邓宝珊、杨虎城、吉鸿昌、赵博生、董振堂、季振同等人，他们对刘伯坚都很敬慕。原西北军高级将领之间时有摩擦，发生纠纷时，都愿找刘伯坚评理，并乐意接受刘伯坚的调解。

刘伯坚用政治治军的方法在西北军中彰显出了神奇的力量。经过1年多整训和政治工作武装的国民军联军，由一支濒于瓦解、军阀习气浓烈的旧军队，变成了一支威武雄壮、深受人民群众拥护的革命军，全军上下士气旺盛，斗志昂扬。

离别国民军

1927年4月，革命风云突变。蒋介石背叛革命，在上海发动了四一二反革命政变，大肆屠杀共产党员和革命群众。接着，广东的国民党反动派也发动了四一五反革命政变。

刘伯坚联合西安的党组织，立即发动全市各级群众组织，以及各家报纸，掀起了一场规模宏大的声讨蒋介石叛变革命的运动。他们用发通电、发社论、开大会等形式，声讨蒋介石屠杀人民的滔天罪行。

4月16日，西安市80多个团体6万多人集会，打出"拥护革命军，肃清后方，会师中原"等条幅，组织游行示威，并来到国民军联军总部请愿。刘伯坚代表总部接见了他们并作了慷慨激昂的讲话，对人民群众的革命行动表示坚决的支持和拥护。

4月28日，李大钊在北京被张作霖杀害。消息传来，冯玉祥、刘伯坚十分悲痛，立即电令全军所属各部队、各地方机关举行追悼大会，沉痛悼念这位曾给予冯玉祥和西北军最大帮助的革命领导人。此时，为配合南方北伐军继续北上，武汉国民党政府决定将国民军联军改编为国民革命军第二集团军。

1927年5月1日，国民军联军在西安红城召集军民大会，冯玉祥宣誓就任国民革命军第二集团军总司令。宣誓后改组编制，刘伯坚任总政治部部长。5日，冯玉祥发布命令，率师响应北伐，"出兵潼关"实行东征，西安市许多共产党员积极报名参军。冯玉祥、刘伯坚亲赴潼关督战。

在挥师东征的征程中，第二集团军一路势如破竹，节节胜利。5月20日，刘伯坚随冯玉祥率中路军包围新安；27日占领孟津；29日在里石关击溃奉军增援部队，占领孝义；30日光复郑州；6月3日攻占开封，与南方的第一集团军唐生智部胜利会师，实现了既定的"会师中原"的战略计划。一时间，军事上的胜利，使国民革命军第二集团军威震中原。

冯玉祥总司令在总结国民革命军获得胜利的原因时说："最大的教训有二，第一，军队中政治训练，务必尽量灌输，必使一兵一夫，都对党与主义有彻底之认识，万不可阳奉阴违，视政治工作为虚应故事之具文。第二，凡本军势力所及，对民众务须切实保护亲爱；对农工民众，尤其推心置腹，尽可能地扶植其势力，拥护其利益，绝不可横暴野蛮，失掉民众同情，玷我宿称有纪律军之职责。上述两事，尚望各官长深体此意，猛烈实行，最后胜利定在我军。"

就在冯玉祥所领导的第二集团军，在中国共产党的帮助下重整旗鼓、所向披靡之时，蒋介石悄悄地伸出了"黑手"，不断派代表到冯玉祥的司令部表示慰问，以犒军为名，给战争中给养困难的冯玉祥以军饷、器械，以动其情，又派特务打入冯玉祥身边。很快，冯玉祥被迷住了双眼，没有认识到蒋介石背叛革命与血腥镇压共产党人和革命民众的实质。

冯玉祥、刘伯坚在潼关参加李大钊的追悼大

会时，冯玉祥看到潼关街上到处刷满"打倒蒋介石"的标语时，心里很不舒服。刘伯坚在司令部讲演时，滔滔不绝地揭露北伐军出师北伐以来蒋介石背叛革命、窃夺革命果实、镇压革命民众等事实，冯玉祥听了也不是滋味。

随后，冯玉祥召开会议，发动部属同刘伯坚辩论。冯玉祥在会上说："刚刚还是一致拥蒋，转过脸来，就是倒蒋，到底是怎么回事？再说，目前还是军事紧急的时期，我们的唯一目标就是打倒军阀，完成国民革命，所有力量，都当集中于此，不容分化。"刘伯坚列举了蒋介石勾结帝国主义，勾结军阀，已经变成帝国主义的走狗和屠杀革命民众的刽子手的许多事实。

冯玉祥对刘伯坚说："我和蒋先生，不如你们和他的关系深、历史久，但你们昨天还是拥护蒋总司令，今日忽又翻脸要打倒他，我不理解，我还是照常干我的。"

对此，刘伯坚始终坚持原则，毫不让步。

6月19日，冯玉祥参加徐州会议。蒋介石极尽谦恭，远迎于砀山，首先给冯玉祥一个良好的印象。蒋介石对冯玉祥本人以及他率领的国民军联军"平甘援陕、会师郑州"的功绩倍加赞美，知其经济困难，立即馈赠50万大洋犒军，更加获得了冯玉祥的好感。最终，冯玉祥同意以"清共"换取"共同北伐"，以减轻自己的军事负担。

徐州会议后，冯玉祥单独发表《敬告全国同胞及国民党同志书》："窃玉祥此次转战七千里，率领革命健儿，只知誓死救国，对于本党实为后进，本不该有所主张。及出潼关，始系党务纠纷，已成分裂局面……对于共产党同志更愿极口苦劝：如其所取革命方法，不能与国民党三民主义之革命完全一致者，请暂退出国民革命之联合战线，停止工农运动之阶级斗争。"云云。

冯玉祥以召开各军政治部工作会议为名，调走了西安中山军事学校的政治处处长兼政治教官邓小平。总参谋长石敬亭派十几个全副武装的士兵，冲进中山学校，拘捕了正在讲演的学生，张贴布告，封闭了学校，查封了《新国民军报》和《中山画报》，把军校学生调编临潼，逮捕校长史可轩，后来将其杀害。

面对这种严峻的形势，刘伯坚多次对冯玉祥进行苦口婆心的劝告，并严肃地批评他违背"五原誓师精神"，冯玉祥根本听不进，但又惜于刘伯坚的才干，挽留刘伯坚说："你不要走了。"

刘伯坚坚定地说："冯总司令，主义的信仰，人的思想，哪能这样变化无常呀！我坚信共产主义能给我们苦难深重的祖国带来和平昌盛、幸福和光明。"

接着，他又说道："司令自南口兵败以来，在中国共产党和苏联政府的帮助下得以重整旗鼓，才有今日，希望你保证苏联顾问和共产党员的安全，不得伤害他们。"

随后，冯玉祥在通电中强调："对共产活动，务须严防严查……惟对此项党人，只准拘留禁闭，不准枪杀打罚，特此遵照。"

受到蒋介石蒙骗的冯玉祥，公然投靠蒋介石后，立即在军队内部开始了反共"清党"活动。他以"礼送出境"的名义勒令苏联顾问回国，扣押军中近百名从事过政治工作的共产党员，并对其进行"审查"，下令关闭各县所有农民协会，电令所属各部清查共产党员。

面对急转直下的革命形势，刘伯坚主动采取行动，立即把已公开身份的共产党员都安全撤送到武汉，然后，带着结婚不久的妻子王叔振离开了西北军。

王叔振是西安人，在西安女子师范学习期间加入共产党，积极参加和组织西安市妇女联合会的工作。她经常组织女学生到国民革命军中来演讲，宣传革命理论，对戎马倥偬的刘伯坚既敬重，又爱慕。在相互的接触中，刘伯坚也非常喜欢这位知书达理、办事果敢的女青年。刘伯坚自参加革命以后，四川老家就多次被抄，家里亲人为躲避敌人的追杀四处逃难，死的死散的散，已多年杳无音信。为寻求救国救民的真理，刘伯坚远渡重洋，四海为家，把身心乃至生命都投入到了革命事业中，唯独没有自己。1927年3月，两个志趣相投的人结成了革命的伴侣。他们在中山军事学校礼堂举行了结婚典礼，国共两党的许多要人都前来参加，送来祝福。

令刘伯坚、王叔振没料到和痛心的是，大革

命失败得如此之快、如此之惨，北伐胜利的果实转瞬间就被野心家窃取了。

此时，武汉也处在一片白色恐怖之下。汪精卫制造的七一五反革命政变，使武汉的党组织受到了严重的破坏。刘伯坚和妻子王叔振，在武汉近乎流浪了三天三夜，才在一间小洋楼里见到了周恩来和郭沫若。

周恩来上前紧紧地拥抱着刘伯坚，激动地说："你在西北军中的工作，干得非常出色，在革命失败的紧急关头，你为中国革命保护了200多名共产党员的生命安全，真是很了不起的事啊！经过大革命锻炼出来的每个党员都是一颗火种、一颗明亮的星，他们是中国革命的希望，中华民族前途之所在啊！党中央非常满意，党会永远记住你，人民会永远记住你。"

武汉已非久留之地，周恩来安排刘伯坚和王叔振暂到九江待命。

刘伯坚和王叔振乘船来到九江，不久，便传来了南昌起义的消息，令刘伯坚兴奋不已。这时，他又接到周恩来的密电，指示他和王叔振立即前往上海，任务是通过国民党上层人物于右任、邓宝珊等人，解救上海被捕的共产党员和革命同志。

刘伯坚装扮成商人，偕妻子乘船抵达上海后，他们在上海地下党组织的领导下，日夜不停、奋不顾身地四处奔走，想尽办法营救出了许多被捕的同志。

04 壮大红军建奇功

留苏归来办"红校"

1928 年春，为迎接第二次国内革命战争高潮的到来，党中央决定再次派刘伯坚去苏联学习军事。6 月 18 日至 7 月 11 日，中国共产党在莫斯科召开第六次全国代表大会，总结第一次国内革命战争的历史经验，纠正党内右的和"左"的错误路线。刘伯坚为指定代表旁听了会议。

1930 年秋，刘伯坚结束在苏联的学习，回到上海后向周恩来汇报了在苏联的学习情况。周恩来在给刘伯坚介绍国内的情况时说："'六大'后的两年间，革命形势发展很快，根据地从 100 多个县扩大到 300 多个县，建立了闽浙赣、湘赣、湘鄂赣、洪湖和湘鄂西、左右江等革命根据地，毛泽东、朱德在江西创建的根据地和红军队伍日益壮大，并成立了中国工农红军第一方面军。鉴于革命形势发展迅猛，需要大批干部，中央决定派你和王叔振到第一方面军去工作。"

刘伯坚说："太好了，我们明天就出发。"

周恩来说："你还是那个脾气，刚到上海，休息几天，会会朋友再去也不迟嘛！"

"我在苏联时就早已心急如火、归心似箭了，这次要回到我们自己的军队去工作，怎叫人不高兴啊！"

第二天，刘伯坚和王叔振收拾行装，离开了繁华的十里洋场，带着第二个儿子，经福建秘密前往江西革命根据地，来到红军第一方面军政治部工作。在这里，刘伯坚见到了早已耳熟的四川老乡朱德总司令，两人一见如故，谈得非常投机。

朱德说："我在德国留学时常和周恩来在一起，恩来一听我的四川口音，就说到你刘伯坚。他不止一次地向我谈起你的才干和毅力，今日一见，果真不凡。"

刘伯坚说："朱总司令过奖了。这几年在苏联学习，对国内的情况不熟，工作经验也少，我还要加紧努力，多做工作呀。"

1930年10月，红一方面军的红一军团攻克吉安，红三军团占领安源，巩固和扩大了赣西南、湘东革命根据地，奠定了中央革命根据地的基础。这引起了国民党反动派的恐慌和憎恨。蒋介石结束了对冯玉祥的战争后，立即对中央革命根据地进行反革命"围剿"，纠集10万国民党军采取分进合击的战法，由江西吉安到福建建宁一线向根据地发起进攻。

强敌当前，只有4万余人的红军向根据地腹地作战略退却。刘伯坚随红一方面军退却时，坚决执行毛泽东的战略方针，沿途组织"坚壁清野"，号召根据地人民组织起来粉碎敌人的"围剿"。

12月上旬，毛泽东、朱德、彭德怀、叶剑英、王稼祥等人在宁都县黄陂召开了红一方面军总前委会议，再次讨论反"围剿"作战方针。刘伯坚也参加了这次会议。

会上，毛泽东提出要在宁都的黄陂、小布、

龙岗、源头一带撒一个大网，诱敌深入，歼敌于根据地。

会后，毛泽东请刘伯坚留下，询问在小布召开军民歼敌誓师大会的准备情况。

刘伯坚说："誓师大会的各项准备工作都已做好了，战士们的情绪也很高。政治部的同志让我请您为大会写副对联。"

毛泽东笑着说："好吧，我就来献一献丑吧！"

刘伯坚叫通信员拿来早已准备好的纸和笔，毛泽东略作思考后一挥而就。

上联：敌进我退，敌驻我扰，敌疲我打，敌退我追，游击战里操胜算。

下联：大步进退，诱敌深入，集中兵力，各个击破，运动战中歼敌人。

12月30日，龙岗战斗打响，在毛泽东的正确指挥下，歼灭国民党军第18师师部和两个旅共9000余人，活捉师长张辉瓒。1931年1月3日，宁都东韶之战，激战半天，俘敌3000余人，缴枪2000余支，电台1部，使进犯我根据地之敌闻风丧胆，取得了第一次反"围剿"的胜利。

1931年1月15日，中共苏区中央局成立，随后，组成了由中央苏区领导的中央革命军事委员会（简称中革军委），刘伯坚在中央军委政治部秘书处任秘书长。

9月的一天，刘伯坚跟随毛泽东、朱德和红军总政治部主任王稼祥走在乡间的田野上，一边散步，一边商量红军政治思想工作问题。

王稼祥说："去年冬天，党中央制定的《中国工农红军政治工作暂行条例》，对全军正规化建设起到的作用很大。"

毛泽东说："这是我们中国工农红军政治工作的第一个条例，意义重大。"

刘伯坚插言说："毛委员，红军一天天在扩大，但红军队伍的政治文化素质却提高较慢，这样适应不了日益尖锐复杂的斗争需要，我想能否办一个军政训练学校。我在西北军时，也是一边行军打仗，一边在后方办学校。"

"今天，我找你和王主任来就是想商量一下这件事的。我和朱老总商量过了，准备办一个'红军随营学校'，我们红军要打倒军阀和帝国主义，没

有政治不行，没有文化不行，没有军事技术不行。我们的士兵来源一是工农劳苦大众，二是革命的知识分子，三是旧军阀部队的起义战士。我们需要大批的政治军事指挥员。"

得知毛泽东对此下了很大决心，刘伯坚高兴地说："这个办法好！战前做宣传鼓动工作，战时到前线指挥打仗，不打仗时就学习。这就叫'马背上的红军学校'。"

毛泽东、朱德还把红三军团第5军军长邓萍、第8军军长何长工，以及其他4个师长，还有几十个团长和政委调来办校。

在萧劲光、刘伯坚、何长工、邓萍等人的共同努力下，1931年10月，"马背上的红军学校"在瑞金谢氏祠堂正式开学，萧劲光为校长，何长工为政治委员，邓萍任教育长，前期政治部主任为周以栗，开学不久，刘伯坚接任政治部主任。

11月25日，红军学校正式命名为中国工农红军中央军事政治学校，简称"红军学校"。这是中国共产党创办的第一所军事政治干部学校。

红军学校的课程分为军事和政治两部分，军

事课占 3/5，政治课占 2/5。政治课内容十分丰富，有阶级教育、党的领导和建设、中国革命的性质和任务、红军宗旨、土地革命、俄国十月革命、中共党史和共产国际等。

刘伯坚既当主任又当教员。他以深厚的理论功底和丰富的革命实践，把政治课讲得生动易懂，深受学员们的欢迎。除讲政治课外，还把政治思想工作做到学员中间。他经常找学员谈心沟通思想感情，鼓励同学们用无产阶级思想武装头脑，克服非无产阶级的思想意识。

红军学校开学不久，毛泽东见到刘伯坚说："从上海和全国各地来了一些青年知识分子，有的还在国外留过学，他们自发地组织了一个工农剧社，演了几场戏，引起了轰动。我想把他们的这个剧社交给你。"

刘伯坚高兴地说："我明白了，再在红军学校里搞一个工农剧社。"

毛泽东语重心长地说："谁说我们革命就是打倒一切？连古今中外的文学艺术、珍贵的文化遗产都不要了？希望你把剧社搞活，努力丰富红军的文化生活。"

　　工农剧社的同志来到红军学校，刘伯坚充分发挥文艺工作者的优势和文艺的特殊作用，他把党的政策、指示、口号编成歌词，经谱曲后，在红军战士中广为传唱，很受欢迎。

　　工农剧社在刘伯坚的领导下，排演了苏联沙可夫的话剧《明天》，创作排演了歌剧《血汗为谁流》，话剧《庐山之雪》《杀上庐山》《谁给我痛苦》和不少的舞蹈、山歌、小调，还创作了许多脍炙人口广为流传的歌唱红军的歌曲，极大地丰富了根据地的文化娱乐生活，在中国的新文化运动中写下了光辉的一页。

播下火种引兵暴

　　刘伯坚离开国民革命军第二集团军后，冯玉祥再次遭受到军阀混战的劫难。

　　1930 年 5 月，冯玉祥因不满蒋介石的军事编遣，联合阎锡山、李宗仁几个军阀倾力反蒋，拉开了中原大战的序幕。

9月，奉系军阀张学良通电拥蒋，从东三省入关，抄了"反蒋联军"的后路，使国民革命军第二集团军迅速土崩瓦解。冯玉祥在中原大战中失败后被迫下野出走山西，把残部交给孙连仲，孙连仲最后率部投降蒋介石，被改编为国民革命军第26路军。把原有的4个半步兵师缩编为25师、27师两个师，孙连仲任总指挥兼25师师长，赵博生出任第26路军参谋长，董振堂的原13师被改编为第25师73旅，季振同的原14师被改编为74旅。

1931年1月，蒋介石命令第26路军开赴江西，参加对中央苏区的第二次"围剿"。第26路军不愿意与红军作战，在济宁不肯开拔，经蒋介石再三催促，部队才于3月底分批到达江西乐安、宜黄地区。第27师81旅在永丰县东南部同红军一交手即被歼灭大部，对第26路军震动很大。

9月，国民党军对中央苏区的第三次"围剿"失败后，就把第26路军留在宁都驻守，并命令"不灭共军，不许离开宁都"。还令其嫡系朱绍良部驻扎在宁都以北的广昌公路线上，堵其后路。这显然是有既想消灭红军，又想消灭第26路军的阴险目的。

九一八事变后，全国人民抗日反蒋浪潮高涨，第26路军广大官兵纷纷要求回北方抗日救国。总指挥孙连仲致电蒋介石请求把部队拉回北方，遭到蒋介石的拒绝。另外，蒋介石给予第26路军的军饷长期不足，军需物资奇缺，使得官兵生活十分困难，第26路军广大官兵对蒋介石的不满情绪越来越强烈。

不久，孙连仲和第27师师长先后离开部队去南京、上海治病，部队由参谋长赵博生代理总指挥。

第26路军的许多官兵参加过北伐战争，接受过刘伯坚等共产党人的政治思想教育，广大官兵有一定的政治觉悟。他们进入苏区后，亲眼看见了苏区人民翻身解放、当家作主的喜人景象，深受教育和启发。第26路军参谋长赵博生，旅长董振堂、季振同等爱国将领，也早有为部队另谋出路的考虑。此时，他们更加怀念在西北军中工作过的共产党员，怀念"听刘部长一席讲，当关半年薪饷"的岁月。

第26路军到达宁都后，赵博生、董振堂均派人到上海去找过刘伯坚，但都无结果。一直渴求找党的赵博生第一次见到地下党的同志时就说："自从在西北军里接触了刘伯坚部长，我就感到共产党不平常，是真正想革命的。今天我见到你们没有别的话说，就是要你做我的引路人，我要求加入中国共产党。别看我是参谋长，叫我干什么，我就干什么！只要我做得到的，即使赴汤蹈火，也在所不辞。"

1931年11月底，党组织在南昌的一个地下交通站遭到敌人的破坏，第26路军地下党的两个重要材料被敌人查获。

12月5日，地下党员、第26路军译电室主任罗亚平突然收到蒋介石发来的"十万火急"电报。电报云："令26路军总指挥部严缉刘振亚、袁汉澄、王铭五三名共产党员，星夜送往南昌行营惩处。"罗亚平急忙把这一情况报告给了军中地下党组织和赵博生参谋长。随后，一架印有青天白日标志的飞机在宁都上空盘旋，并与第26路军总部电台通话，说有委座手令，要见赵参谋长。飞机降落后，机舱里下来一名全副武装的"要员"。赵博生迎了上去，原来是搜查到的地下党的两份文件和蒋介石签署的一份清查地下党的"手令"。赵博生镇定自若，唯唯诺诺地打发走了"要员"。

秘密暴露了，事情紧迫了。赵博生一面以代总指挥身份回电蒋介石"遵令即办"，一面与董振堂、季振同等人商量紧急派人到苏区找刘伯坚，找红军。

当天，董振堂把旅部参谋郭如岳叫到他的办公室，严肃地说："情势紧迫，我们要举行暴动，在敌我生死搏斗中，我不杀敌，敌必杀我，犹豫不决，只有死亡。今天派你去红军总司令部报告，联系请示，要求接应我们暴动。"董振堂从抽屉里取出一块在红绸上写好的信，叫郭如岳缝在衬衣内，化装去苏区。

74旅旅长季振同也派出卢寿椿，地下党特别支委派出袁汉澄，他们三人各走一路，同时悄悄进入苏区。

希望，在渴求光明的人们心中炽热地燃烧。

最先到达苏区的袁汉澄，被几名赤卫队员抓到后捆绑起来，他急得一边比画一边说，可是对方根本听不懂他的方言，于是，他急中生智唱起了在西北军中刘伯坚教唱的《国际歌》，哨兵们听到这亲切、雄壮的歌声，先是愣住了，接着为他松绑，将他送到苏维埃中央政府。

袁汉澄急切地说有重要情况报告，要求见红军最高长官。

一位40多岁衣着平常的军人接待了他，关切地问："从哪儿来的？有啥事吗？"

"我从宁都来，找刘伯坚部长，找朱总司令。"

"我就是朱德嘛！"

袁汉澄大吃一惊，真不敢相信，眼前这位朴实魁梧的军人就是闻名遐迩的朱总司令。他忙问："你知道刘伯坚部长吗？"

"他明天要来这里开会，你就能见到他了。"

接着，袁汉澄向朱总司令讲了宁都的情况。

第二天，军委召开紧急会议，对第26路军起义情况进行研究和部署。

毛泽东说："全部暴动的条件是存在的，这要靠我们党过细的组织工作，万一不能全部暴动，局部暴动也是好的，在反革命的心脏捅上一刀也是好的。中央决定派刘伯坚同志到固村去与他们联系。"

叶剑英接着说："西北军受过大革命的洗礼，有党的地下组织，有中央苏区的军民作后盾，取得成功的条件是有的。伯坚同志，还应该看到困难也有很多，担子很重啊！"

刘伯坚说："我相信西北军的广大官兵。他们大多数是北方的贫苦农民、牧民。中国共产党高举抗日的大旗，有着无比巨大的民族凝聚力。"

第二天，73旅的郭如岳、74旅的卢寿椿也找到了红军总部，郭如岳将董振堂的信交给了朱总司令。总司令立即转给了刘伯坚。

刘伯坚根据毛泽东的指示和中革军委讨论的意见，结合第26路军的实际情况，对宁都起义作出了具体的部署和安排。同时，代表中革军给季振同、赵博生、董振堂写了复信。

振同、博生、振堂诸同志：

我代表红军以十万分热烈诚恳的敬礼，欢迎

在中国革命中奋斗多年的诸位同志来同红军共操劳苦工农的解放，同时把将要被帝国主义瓜分的中国夺回来，交到全国一切被压迫被剥削的劳苦群众手中。

这是何等光荣何等伟大的历史机会啊！

同志们，我看了你们给我的满含着血泪和革命热忱的来信，使我回想到我们过去在西北风沙中转战4000余里的30万国民军，到如今都是百战余生，白白地牺牲了无量的热血，没有得到一点革命的结果！使我回想到诸同志朴质忠勇的风格，冲锋陷阵无敌的英勇，同样的奋斗到如今，没有结果，反转成了诸同志在革命历史中的缺陷，要你们重新来补写，都只是因为政治上没有得到正确的领导。

同志们，我们一别5年了，别后的辛苦不必尽述，我们现在又有机会在一起往前奋斗了。这不仅是我个人的荣幸，我应当为全国劳苦工农踊跃欢呼，庆祝中国革命成功的到来。

同志们，国民党的罪恶已是尽人皆知了。全国劳苦工农反帝国主义和国民党的潮流，已经汹涌起来，为自己的利益和解放而奋斗了。我们同是帝国主义和国民党军阀铁蹄下的难民，同在重重叠叠不断地灾祸中挣扎。只有回来高举着苏维埃的红旗，在中国共产党领导之下，与帝国主义和国民党军阀作一拼命的死战，才能求得中国民族的解放与统一。

同志们，我已将你们的革命热忱转告中华苏维埃中央革命军事委员会各负责同志，他们都十分热烈地期待着诸位同志前来，共同携手为革命奋斗，并要我代表他们的欢迎的热忱来同诸位同志在适当的时间和地点接洽一切。

相距不远，快晤在即，一切都再面谈。这里先向你们致一个热烈欢迎的革命敬礼！

刘伯坚

1931 年 12 月 7 日于瑞金

袁汉澄、卢寿椿、郭如岳满怀喜悦地回到宁都后，汇报了见到刘伯坚的情况，讲述了毛泽东、朱德、叶剑英、王稼祥的关怀，特别是中革军委派刘伯坚同志来领导、组织、联络起义的各项事宜，使26路军起义策划者和领导者感到踏实多了。

董振堂读着刘伯坚的回信，禁不住热泪长流，千般情，万般恨，件件往事一齐涌上心头。他痛悔以前自己的蒙昧，倍感共产党和刘部长的亲切、信赖、关切、鼓舞……董振堂仿佛像是就要回到母亲怀抱般的激动。他看完后，又郑重地把信递给了季振同和赵博生。

商量完毕，董振堂召集全旅连以上干部开会。平日里不善言辞的董振堂开始了慷慨激昂的演讲，令众人目瞪口呆。

"弟兄们，你们都是好样的。你们大多数都是贫苦弟兄。咱们西北军之所以失败，是因为被人出卖了，无数弟兄的血白流了。我们的父母兄弟在家里，仍然没有吃的，没有穿的，还受着帝国主义和军阀的欺压。蒋介石把咱们调到江西来打红军，红军也是穷苦弟兄呀！他们与我们既无冤又无仇，我们为什么要打红军？

"日本鬼子侵占了我们的东三省，我们为什么不去打日本呢？红军要抗日，咱们也要抗日去！

"兄弟们，打内战是个大火坑，我不能让弟兄们去打自家的兄弟，请相信我董振堂吧，我要带领大家跳出火坑，走向光明，走向幸福！……"

12月8日，中革军委派王稼祥、刘伯坚和左权负责与第26路军联系，他们携带电台来到离宁都县城一百多里的彭湃县固村，与第26路军的代表共同商量起义的具体事项。刘伯坚代表中革军委就起义时间、办法、起义后部队的番号以及干部任命等问题给季振同、董振堂、赵博生等又写了第二封信。

中革军委决定，把第26路军的起义时间定在12月14日晚7时整。

14日黄昏，宁都全城戒严，城里驻军全部换了岗哨，换了口令。三步一岗，五步一哨，一派临战状态，连空气都仿佛凝固了。

73旅旅长董振堂怀着一种特有的战斗激情，召开了最后一次紧急军事会议。

会上，没有进行任何讨论，董振堂简短明了地下达命令："今晚就要行动了，到红军那边去！各位按照分工听命令执行。估计74旅那边可能有点麻烦，我们要做好各种应急的准备。李青云到学兵连去！负责把守好北门和东门。郭参谋到警卫连去！加强警卫巡逻。"

听到旅长的命令，大家立刻分头行动。

如血的残阳中，警卫连荷枪实弹地在街上巡逻。通往城外的所有电话线被割断了，城里所有的无线电台，包括总指挥部电台、25师师部电台和蒋介石派遣的特务电台，分别由学兵连和总指挥部执法队武装占领，并实施封锁和控制，不准向外拍发任何电报，走漏任何消息。

74旅旅部起义前的各项准备工作正在紧张地进行。旅长季振同紧急召集营以上军官训话："各位，现在日本帝国主义侵略东北，窥视华北，我们祖国的命运处在风雨飘摇之中。国家兴亡，匹夫有责。我们要求打日本，蒋介石却热衷于打内战，置国家、民族利益于不顾。我们再不能这样下去了，我们坚决要求北上抗日，如蒋介石不准许，我们就绕道广东，然后再打回北方去。"

到会的人纷纷表示："照旅长讲的办，我们跟你走。"

当晚，赵博生以参谋长名义，请团以上官长到总指挥部楼上赴宴。赵博生说："孙总座在上海养病，关心各位弟兄，特意捎来高级烟酒慰问。今天请诸位来此团聚，一是转达总座的关心，二是有些紧急军务要和大家磋商。"

赵博生走到墙边，拉开布帘，墙上挂着一幅中国地图。

他说："诸位，9月18日之后，日本鬼子强占了我东北三省，3000万同胞当了亡国奴。国家兴亡，匹夫有责，我们是中国人，是中国军队，要打，就应该上前线打日本鬼子，可是，蒋介石却置国家民族的危亡于不顾，硬把我们留在内地打内战，打红军，打自己的兄弟，想以我们的牺牲和红军的流血，为他独裁清扫地盘。日本鬼子眼看就要打进关内来了，我们北方家乡眼看就要沦亡，我们自称是革命军人，可是有枪不能御敌，有志不能救国救民，我们还算什么军人？将来我们还有何颜面见自己的北方父老？"

赵博生停顿了一会儿，又继续慷慨激昂地说道："我们现在困守宁都，四面被红军包围，唯一的一条退路，也被蒋介石堵死，长此下去只有死路一条。现在我愿意带大家走一条光明大道——参加红军，回北方，打日本，救中国！"

"我赞成赵参谋长的主张！"

"联合红军，走北上抗日的光明大道！"

几个死心塌地跟着老蒋的顽固分子跳出来叫嚷着："打日本我赞成，要我加入共产党我不干。"于是，当场就被全副武装的卫队士兵制服。

赵博生参谋长宣布："起义！"

他即令参加起义的旅长、团长们，连夜带领他们的部队按照规定的统一时间和地点，集结待命。

刘伯坚在焦急的等候中，满怀激情地起草好了《兵暴宣言》。

夜色茫茫，宁都县城一切依旧。没有冲天的火光，没有血战，只有偶尔一两声枪响划破寂静的夜空。各部队依次顺利撤出宁都城，往县城东南方向梅江岸边集聚。

15日清晨，雾散日出，晨光洒在波光粼粼的梅江河上。第26路军2个师6个旅共1.7万余人云集在梅江沙滩。

董振堂激动地说:"弟兄们,从今天起,我们不再受蒋介石的欺骗了,我们到苏区去,与红军并肩战斗……"他一把撕掉国民党的帽徽和胸章,扔在地上,憎恶地说:"让这东西从此和我们永别吧!"

"起义了!"

"当红军去!"士兵们欢呼雀跃,纷纷撕掉国民党的青天白日徽章。

起义部队在赵博生、董振堂、季振同、黄中岳的率领下,浩浩荡荡向苏区进发。王稼祥、刘伯坚、左权等代表中华苏维埃共和国临时中央政府和中革军委,在固村组织军民隆重地迎接这支队伍。

起义部队在天擦黑时才赶到固村。

"刘部长来接我们了!"走在前面的战士喊了一声,像是口令,一个传一个,在长长的队伍中激起一阵阵春潮。

刘伯坚大步向走在前面的赵博生、董振堂、季振同、黄中岳走来。一声声暖心的问候,一阵阵热烈的握手、拥抱,这感情的海洋,融进了多少语言、多少情怀!刘伯坚激动地说:"列宁说过,起义是一种艺术。蒋介石让你赵参谋长严缉共产党,

你却把队伍带到共产党这边来了。他可要通缉你这个参谋长哟！"

"让蒋介石通缉吧，我这把骨头属于苏维埃了！"赵博生深情地说。

季振同接过话："我们当红军，死也不回头了！"

"党欢迎你们！人民欢迎你们！红军欢迎你们！"

刘伯坚握着董振堂的手说："绍仲，我们是多年不见的老朋友了，你的两封信，真是一字一泪，一句一条血痕啊！"

董振堂激动地说："刘部长，你是我走向光明的引路人啊！"

固村军民杀猪宰羊，慰劳起义部队。起义士兵们从未见过这样的热情场面。过去，他们无论走到哪里，那里的老百姓就像见了瘟神一样躲起来。今天，他们刚踏上苏维埃的土地，就像回到家一样的温暖，当一名红军战士是多么光荣啊！

当晚，由刘伯坚起草的《起义宣言》，经过赵博生、董振堂、季振同共同讨论后，通过电台向全国发布。无线电波载着1.7万多名将士的肺腑之言，像春雷一般响彻世界。

1931年12月16日，晴空万里，起义官兵列队在固村外的草坪上，刘伯坚健步走上临时搭起的土台子，他说："我代表中华苏维埃政府和中央革命军事委员会，热烈欢迎国民党第26路军官兵光荣起义，参加红军！"

刘伯坚在会上宣布：授予起义部队中国工农红军第5军团番号，编入红一方面军建制；任命季振同为军团总指挥，董振堂为副总指挥兼13军军长，赵博生为参谋长兼14军军长，黄中岳为15军军长。

随后，起义官兵从固村出发，分别开赴石城县横江、龙岗、秋溪一带整编。

血火中再造红军劲旅

宁都起义，是中国共产党领导的一次成功的、重要的武装起义。宁都起义的胜利，使中央红军的力量得到迅速壮大，由原来的3万多人猛增至5万多人。

毛泽东、朱德、叶剑英等领导人都十分高兴。他们从瑞金专程来到石城县秋溪村召开紧急会议，研究和部署第26路军的整编问题。

叶剑英说："三湾改编时，部队不足千人，那是星星之火，现在已成燎原之势。第26路军宁都起义，一下子就是1.7万余人，两万多支枪投入到红军队伍中来，这是中国革命史上光辉的一页。但要把这一万多人的旧军队改造成革命军队，任务不轻啊！伯坚同志，毛泽东同志和军委的领导同志经过慎重考虑，决定派你去红五军团当政治部主任，改造这支军队，使之成为红军的主力军，一支劲旅。"

刘伯坚恳切地说："我感到担子太重了，怕有负党和人民的重托和期望。"

王稼祥说："党中央为了迅速整编和改造这支队伍成为革命军队，派萧劲光同志任红五军团政委，调旷朱权、黄火青、左权同志分别担任第13、第14、第15军政委，他们都是红军优秀的政治工作者，他们会支持你工作的，你要和他们搞好配合。"

朱德说："中华苏维埃政府在经济较为困难的情况下，挤出了很多银圆和大批棉衣、药品，为起义部队发薪饷，发棉衣。还有广大人民群众的支持嘛。"

毛泽东接过话："伯坚同志，革命战争要求我们用最短的时间整编好这支起义部队。任务是很艰巨，担子很重，但你到五军团做政治工作是较合适的，五军团的干部战士都敬慕你。你有在西北军政治工作、整编部队的经验，况且，西北军的官兵对你有感情，这些是你做好红五军团政治工作的基础。宁都兵暴是一件大事，这说明北伐战争中政治工作没有白做，也证明了国民党并非铁板一块，也会分化的。整编的宗旨是：要使广大起义战士懂得为谁牺牲，为谁打仗。这要做许多艰苦细致的工作。同时，还要特别注意来自我们党内的'左'和右的干扰。党中央和军委的大多数同志支持你的工作。放开手脚干吧！"

"是！坚决完成任务，请党中央放心！"刘伯坚愉快地接受了军委的安排。

不久后的一天，刘伯坚陪同朱总司令来到龙岗看望部队，这是董振堂第 13 军所在地。董振堂第一次见到朱总司令，就被他的朴实温厚所感动。朱总司令握着董振堂的手说："当红军好啊！"

董振堂回答："大革命失败后，苦于没有出路，我很想念刘主任，找了几次都没有找着。"

"今天，你们不是走到一起来了吗？"朱德风趣地说道。

董振堂高兴地答道："是的！抗日救亡，救国救民，没有共产党的领导是不行的。"

董振堂来到苏区后，感到这里的一切都很新鲜，浑身充满一种特别的激情，但总感到自己的知识太贫乏，革命理论和革命道理懂得太少。

一天，董振堂对刘伯坚说："能借一些政治书籍给我看吗？"

刘伯坚爽朗地笑着说："当然可以，而且应该多学点政治。"然后又语重心长地说："振堂同志，今后的担子很重啊！起义成功了，只是一个好的开端，而要把一支旧军队改造成为一支英勇善战、所向无敌的红军，还得下大功夫。今后的路更长、更艰苦，甚至要为共产主义事业献出我们的生命。"

"刘主任，请放心。我是跟定共产党闹革命，始终不渝了。"

刘伯坚给董振堂送去了《共产党宣言》《国家与革命》等马克思列宁主义的小册子和毛泽东写的《中国社会各阶级的分析》以及《古田会议决议》《三大纪律六项注意》和《中国工农红军政治工作暂行条例》等。

董振堂一下子迷上这些革命书籍了。《湖南农民运动考察报告》《中国社会各阶级的分析》等著作像是一股春风，吹散了他头脑里的千重云雾，开启了他思想的闸门，董振堂找到了他一直追求和向往、并愿为之毕生奋斗的道路。这天晚上，他抑制不住内心的激动，庄严地向党组织写了一份入党申请书。

为了真正从组织上、思想上确立党对红五军团的领导，刘伯坚建立健全了各级党组织。明确规定：班、排成立党小组，连队建立党支部，团以上部队成立党委。领导干部要经常给战士讲政治课。战士们也最喜欢听刘主任讲的政治课，他把红军的宗旨、性质、任务用浅显的道理讲给大家听：

"我们现在是革命军队，是为劳苦工农大众谋利益的，这和过去帮助国民党、大资产阶级、大地主谋利益的旧军阀是根本不同的。从前，你们为养家糊口替军阀当炮灰。如今，当了红军，是为自己和广大劳苦大众、阶级弟兄的利益而战斗，是十分光荣的。往后，我们不仅要会打仗、能打仗，而且要学会做群众工作。"

红五军团广大官兵出身贫苦，他们对革命教育极易接受。刘伯坚深入浅出通俗易懂的革命道理像是雨露滋润着他们干渴的心田，他们看到根据地人民打土豪劣绅，分得了土地，自己当家作主，扬眉吐气；看到根据地军民团结友爱、亲如一家、鱼水难分的情景，十分感动。红五军团战士积极学习，主动与驻地群众联系，帮助老百姓担水扫地，军民关系十分融洽。

整编开始后不久，刘伯坚为红五军团请来了剧团的演出队，丰富多彩的文艺节目，让官兵们看得欢欣鼓舞。其中一幕剧《为谁牺牲》，演的是一个国民党军士兵的遭遇：有一个国民党军士兵，他原来是一个种菜的农民，一次上街卖菜时被抓了壮丁，开到江西"剿共匪"时，被红军俘虏了。红军发给他遣散费，让他回家找亲人。他在街头遇到了逃荒卖唱的妻子，两人相见，悲喜交加。就在这时，一队国民党兵又把他抓走了。这个士兵第二次被红军俘虏后，决心当红军。在革命根据地瑞金，他遇到了一路乞讨的妻子，在组织的关怀下，两人终于幸福地团聚，又一起参加红军。

曲折生动的剧情和演员真实形象的表演，使在场的起义官兵们看得热泪流淌。演出结束时，士兵们激动地高呼口号："打倒蒋介石！打倒国民党！中国共产党万岁！"

看完演出，原来有一些动摇的起义士兵，也安下心来当红军了。

随后，部队建立了民主制度，提倡官兵平等，干部不准打骂士兵，官兵之间的关系变得融洽了。连以下成立了士兵委员会，战士们用民主的办法自己管理自己，用红军的"三大纪律六项注意"要求官兵。整编不久，红五军团出现了朝气勃勃的新气象。

红五军团的整编工作，也受到了一些"左"倾机会主义的干扰，有的提出"要兵不要官"，那些愿意当红军的团、营、连、排长被无故地确定为离队人员。

在一次会议上，董振堂听到宣布离队的军官名单中，有4个是长期跟着他出生入死的弟兄，心里很不是滋味。因他不理解党内存在的路线斗争，更不理解"左"倾机会主义危害。他想说，又怕别人说自己拉山头，留亲信。不说吧，良心上的隐痛又折磨得他很难过。但他还是决定以党的利益、革命的利益为重，决定找他们谈谈，叫他们安心地走。

那是一次割心痛的谈话。4个军官听说让他们走，一下子都哭了。

"军长，如果让我们走，就让我们死在你面前吧！"说着，4个人都拔出手枪对准了自己的太阳穴。

正在这时，刘伯坚带着警卫员走了进来，见

这情景连忙问："这是怎么回事？"

4个军官跪在地上哭了起来："刘主任，留下我们吧！"

刘伯坚扶起他们："都起来吧！有话慢慢说。"

董振堂说："叫他们离队，是上面的指令，我只好……"

刘伯坚愤愤地说道："我们革命就是要消灭人与人的不平等，然而，却有人把革命分出了许多等级。就像鲁迅先生《阿Q正传》里的赵老太爷和假洋鬼子一样，不准别人革命。这个事儿，我已经向军委反映了。'要兵不要官'是个别人提出的错误口号，我们要坚定抵制！"

接着，刘伯坚又对那4位干部说："留下来，好好干。不但你们不走，其他愿意当红军，跟着共产党干革命的都不能走！"

1932年元月，南国春来早，满山遍野的茶花含苞待放，纯洁晶莹，有如北国的冰花一样美丽。刘伯坚、季振同、卢寿椿和第15军43师127团团长苏进参加中共苏区青年代表大会。会议期间，毛泽东等领导人专门看望了红五军团的代表。

苏进向毛泽东汇报说："最近整顿学习中有人讲，说蒋介石是军阀我们相信，说冯玉祥是军阀就想不通，说26路军中的连长、排长也是军阀就不大相信了。"

刘伯坚插话说："现在有一股势力，提出什么'要兵不要官'，这显然是错误的。无论官和兵，只要是愿意革命，坚持抗日反蒋，我们都应该要。26路军的一些干部，过去虽然在旧军队里干过，现在他们革命了，怎么可以随便给人戴'军阀'帽子呢？"

毛泽东说："一个小连长也算军阀，人家怎么能相信呢？不能只要自己革命，不要人家革命嘛！北伐期间，你和北伐军总政治部主任邓演达先生，都是中国最早以政治思想工作来治理军队的人，而且工作很出色，很有成效。五军团的政治工作不要受到影响。"

刘伯坚决心把红五军团办成一所宣传革命理论、传播马列主义的大学校。他创办了《猛进报》，成立了猛进剧团，举办文化娱乐训练班，并在连队建立俱乐部、列宁室等。

经过短期整训后的红五军团，官兵政治觉悟迅速提高，并以高昂的斗志投入到第四次反"围剿"的斗争中。他们转战赣南、江西等地，与红军其他兄弟部队一起，打了许多胜仗，成为红军部队中能打硬仗、打恶仗，威震南国的一支劲旅，为取得第四次反"围剿"的胜利发挥了重要的作用，为巩固中央苏区作出了重大贡献。

临危受命落敌手

第四次反"围剿"的胜利，让王明"左"倾教条主义者冲昏了头脑，他们独断推行冒险主义的军事路线，排斥和打击毛泽东以及支持毛泽东正确军事路线的同志。不久，刘伯坚也被调离红五军团，到赣南军区任政治部主任。

为了巩固中央苏区，刘伯坚忍辱负重，不负使命，立即到赣南军区上任，领导赣南军区军民继续进行反"围剿"作战。

毛泽东对刘伯坚的工作给予了极大的支持。他从瑞金前往赣南军区所在地于都召开会议，组织和发动群众开展斗争，还在和刘伯坚交换对第五次反"围剿"的看法后，向中革军委写信，建议说："虽已不利于出浙江，但还可以向另一方面改取战略进攻，即以主力向湖南前进，不是经湖南向贵州，而是向湖南中部前进，调动江西敌人至湖南而消灭之。"但没有被采纳。

　　战略上的失误和指导上的错误，导致第五次反"围剿"的斗争惨遭失败，红军伤亡极大，中国革命为此付出了惨痛的代价。迫于形势的压力，1934 年 10 月 10 日，中央红军被迫作出撤离中央苏区，进行战略转移的决定。

　　一天，刘伯坚组织召开赣南军区政治部机关和独立第 6 团团以上干部会议，传达中革军委作出的中央红军主力战略转移的指示："中央红军主力将从建宁、长汀、瑞金、于都撤出中央苏区……军委命令我们在于都河上迅速建造几座木桥和浮桥，并要求我们留在苏区，继续坚持游击战争，掩护主力红军转移。"

刘伯坚带领队伍来到于都县城，动员群众支援木板、木船，又派出了工兵连来于都河，仅用3天的时间就在于都河上搭起了好几座浮桥。

刘伯坚连日来组织部队架桥，不顾劳累，眼睛熬红了，身体也瘦了。部队出发时，他立于桥头上，心潮起伏，情思万缕。他送别了一批又一批战友，嗓子都说哑了，仍然鼓励着大家："勇敢地冲破这黎明前的黑暗吧！三两年后，高举红旗凯旋，咱们再重逢于这武夷山下！"

叶剑英看到刘伯坚在那里为部队送行，他跳下马来迎了上去，两位亲密的战友拥抱在一起，依依惜别，不忍分离。

新中国成立后，叶剑英元帅曾赋诗怀念刘伯坚当年在于都河边送别时的依恋之情：

红军抗日事长征，夜渡郁都溅溅鸣。

梁上伯坚来击筑，荆卿豪气渐离情。

红军被迫开始了长征。红叶铺满的小路上，一队队红军战士一步一回头，依依不舍地离开苏

区。大路上，村口旁，呈现着一幅幅"爹娘送子妻送郎，儿女牵衣哭道旁"的悲壮画面。于都河水波浪滔滔，浮桥两岸人山人海，一到夜晚，千万支火把犹如火龙。刘伯坚带着留下的红军战士和于都的干部群众，帮助主力部队过河。老表们从四面八方赶来，为亲人送行。战友们、乡亲们握手告别，互道珍重，泪水沾湿衣襟。

为适应斗争形势，10月15日，赣南省委在于都县城谢家祠堂召开省、县、区三级主要干部会议。毛泽东出席了会议，他要求：团结人民，开展游击战争。

10月18日，毛泽东带着警卫班离开于都城，踏上长征的征途。离开前，他握着刘伯坚的手说："你们也要迅速转移，保存实力，坚持游击战争，胜利是属于我们的。"

刘伯坚的妻子王叔振从福建来到了赣南军区所在地于都，见到消瘦疲惫的丈夫时，既心疼又担心，她实在忍不住心中的压抑，就向刘伯坚说："我很痛苦，还有一点不祥的预感，就像阴云一样时时笼罩在我的心里。眼前的局势我明白，即使牺牲在战场上我也无所谓，但我痛苦的是不信任、被怀疑。说我和国民党上层人物有密切的关系，不让我工作，还派人审查我、监视我，我真受不了。"

"叔振，目前的局势是很困难的，根据地一天天在缩小，博古、李德他们硬着头皮不承认错误，'御敌于国门之外'的错误行动仍在继续，但我相信这不会太长久的。叔振，我们都可能在战场上牺牲，也可能被捕，但无论怎样，我们要顽强地活，壮烈地死。"

王叔振低声啜泣："你能做到的，我也做得到。"

"革命流血不流泪，坚强些。"刘伯坚既安慰妻子，也鼓励自己。

王叔振在于都住了3天，便又匆匆地回到了福建新泉县。谁能料到，这一次分离竟是夫妻二人最后的诀别。

红军主力战略转移后，留在中央苏区的领导机关为中央分局、中央办事处和赣南军区，项英、瞿秋白、陈毅、陈潭秋、贺昌等人组成中共苏区中央分局、中央军区和中华苏维埃共和国中央政府办事处，统一领导中央苏区和闽浙赣苏区的红军和地方武装，继续坚持斗争。蔡会文为赣南军区司令员，阮啸仙为省委书记兼政委，刘伯坚为政治部主任，陈丕显为少共省委书记。留下的红军部队和其他武装力量只有三四万人。主要任务是牵制敌人，掩护红军主力部队转移和保卫中央革命根据地，保卫土地革命的胜利果实，在中央革命根据地及其周围进行游击战争，使侵占中央革命根据地的敌人无法稳定其统治，并准备配合红军主力在有利条件下进行反攻。

获知中央红军转移的消息，蒋介石立即召开南北将领会议，调动几十万大军对主力红军进行围追堵截，另以十几万大军包围中央革命根据地，叫嚣要"挖地三尺，斩草除根"。

面对强敌，留下的红军完全可以采取游击战术，以灵活机动的战略战术打击敌人。陈毅、刘伯坚等多次在会议上建议要适应新的形势，转变斗争方式，分散队伍，保存火种，以应付各种复杂的局面。然而，这个建议没有被及时采纳。

可是，在敌军强大兵力的围攻下，根据地一

天天在缩小，斗争越来越艰难。很快，敌人像乌云压顶一样向中央苏区围了过来。

10月26日，也就是红军主力刚转移后的半个月，敌人侵占了宁都，10多天后又占领了瑞金，之后又相继侵占于都、会昌等。一个半月的时间，根据地所有县城都被敌人占领。

接着，敌人从北面、东面、西面向内紧缩，以集团兵力据守各个县城和交通要道，用堡垒封锁的方法，将广大地区分割成许多小块，企图将根据地红军围困在狭小的于南地区一举"剿灭"。

中央分局和中央政府办事处被迫迁往于南地区的禾丰、黎村、上坪等地。在这种极端危急的情况下，中央分局才决定疏散部队，实行分路突围，开展游击战活动。

1935年2月初，党中央发来了两份电报。一份电报告知：中央政治局在遵义召开了扩大会议，纠正了"左"倾冒险主义在军事上和组织上的错误，重新肯定了以毛泽东为代表的马列主义军事路线，改组了党中央领导机关，确立了毛泽东在红军和党中央的领导地位。另一份电报指示：反对大兵团作战方针。中央苏区的任务是坚持游击战争，动员广大群众用游击战争应对敌人的"清剿"。要求中央分局立即改变组织方式与斗争方式，开展与游击战争相适合的斗争，由苏区方式转变为游击区的方式，把瓦解敌军的工作放在游击队工作的头等地位。

赣南军区立即召开紧急会议，传达遵义会议精神和党中央的指示。刘伯坚作了《目前战争，要求我们的一切工作都来一个大转变》的讲话，军区司令员蔡会文传达了中央分局关于突围的决定。

会后，全区立即着手突围的准备工作，一方面，把地方干部和群众组织起来，部署游击战争的任务；另一方面，立即"坚壁清野"，埋藏粮食物资、转移伤病员等。同时，又将工农剧社和《红色中华》报社及省军区机关工作人员编到各连队。

2月23日，赣南军区机关和部队2000余人离开禾丰、黎板桥，向上坪山区转移。敌人以数倍于我的兵力实行围追堵截，部队行进十分艰难。

3月3日，根据敌情变化，部队奉命进入定南、龙南、金南一带开展游击活动。面对敌人的不断追击，军区领导研究决定把部队分成3个支队分头行进。司令员蔡会文和陈丕显率领前卫部队先行，省委书记阮啸仙和刘伯坚在后随机关跟进。

这天午后，2000多名干部战士集合在上坪的一片松树林里。司令员、政委分别作了动员，最后刘伯坚说："目前的形势对我们十分不利，处境险恶，但革命的前途是光明的。我们要杀开一条血路，突围出去，到定南一带去打游击。困难的时刻，正是对我们每一个红军战士的考验。战场上是冲锋陷阵不怕牺牲的勇士，就是被敌人俘虏了，也不能当叛徒，不能出卖革命同志。胜利终会属于我们的！"

3月4日清晨，3个支队成一路纵队从上坪的南坑出发，沿祁禄山山脉向定南、龙南方向行进。当时，下着小雨，山路又窄又滑，部队一时很难散开，行进十分缓慢。上午10时，司令员命令改变队形，以连队为单位，迅速穿过敌人的封锁线。

当行进至登县的罗坑、金沙一带时，与敌人遭遇，双方展开激战。由于敌强我弱，部队损失惨重，省委书记阮啸仙在突围中壮烈牺牲，其余被冲散。刘伯坚在密林中集聚被打散的战士，并带领他们在山林中与敌周旋。当他们穿过牛岭、马岭之间的狭窄山谷，来到塘村附近的鸭婆坑山时，又与数倍于己的敌人相遇，部队再次被敌人冲散。刘伯坚带着部分人员向油山方向突围时，左腿负重伤，无法行动。他就带着政治部秘书廖普昆、独立团参谋长陆如龙在半山腰上阻击敌人，掩护其他同志突围转移。他们的子弹打光了，最后被围上来的敌人团团包围，不幸落入魔掌。

我为中国作楚囚

带镣长街行

刘伯坚被敌人抓到后，很快就被认了出来。敌人大声叫喊着："此人就是刘伯坚！"

刘伯坚1930年秋到中央苏区工作，先后参加了五次反"围剿"的斗争，能文能武的他不仅名扬苏区，也使敌人闻之丧胆。特别是领导红五军团在第四次反"围剿"中的黄陂、草台冈战役和南雄水口战役，更是威震敌胆，引起了敌人的无比憎恨。蒋介石曾多次将刘伯坚的画像，印发至"围剿"地区的国民党官兵手中，悬赏5万银圆。

刘伯坚最先被关押在信丰县国民党广东军阀第1军1师1团团部。团长李振拿着刘伯坚的照片呆呆地看得出神，心里异常激动："是他，就是他！"

李振对水口战役还记忆犹新。刘伯坚领导的骑兵团、大刀团如猛虎雄狮，杀得粤军尸横遍野，血流成河。想到这些，他不寒而栗，还心有余悸。李振钦佩刘伯坚的雄才大略，心想若劝其投降，岂不是功上加功？他命令部下优待刘伯坚，自己也在团部设宴热情款待。

李振和颜悦色地劝他道："你要顺应潮流，识时务者为俊杰，以你这样的才华，留得青山在，不怕没柴烧。只要你能暂时办个脱党手续，便可得到自由和重用，不必去为共产主义犯这么大危险，作无谓的牺牲。"

刘伯坚仰天大笑，大义凛然地说道："国破如此，人民无自由，我有自由何用？我干革命就是顺应历史潮流，革命就会有危险，没有危险就没有革命，没有牺牲就没有工农大众的解放。"

李振接着说："目前的形势，也许刘先生还不太清楚吧？红军主力已被我国军打得飘零四散，无影无踪，所谓的'中央苏区'已全被我国军占领，共产党早已无立足之地，何以为前途乐观？"

"李团长之言差矣！我红军西征北上，完全是为了抗日救国，担负着民族兴亡的重任。外敌当前，为民族而战，为国家而战，为人民而战，正义之师是决不可战胜的！"

刘伯坚义正词严地拒绝了李振的劝降活动，使他更加钦佩刘伯坚的胆识与气节，他在电报中委婉地请粤军第1军军长余汉谋手下留情。

3月9日，刘伯坚和与他一起被捕的4位战友被押往粤军第1军军部所在地大余监狱。敌人最初以高官厚禄为诱，继而动用酷刑，迫不及待地想从这个共产党的"要犯"口中得到我党机密和红军在赣南活动的情况。然而，敌人一无所获。

敌人多次诱降无效，而且从道义和理论上讲根本不是刘伯坚的对手，就想从精神上瓦解刘伯坚的斗志。敌人特意给刘伯坚戴上10多斤重的铁镣和手铐，押往大余县城最热闹的青菜街游街示众。一是杀一杀刘伯坚的威风，二是吓唬吓唬老百姓，在当地群众中起到"杀一儆百"的作用。

3月11日，白色恐怖笼罩下的南安古城，萧条冷落，行人稀少，商店关门闭户。粤军出动了一个营的兵力四处驱赶老百姓到青菜街观看游街示众的刘伯坚。

青菜街多是一楼一底的民房，板壁铺面，街道狭窄。小街两边站满了被驱赶来的男女老少。

红军主力仓促离开苏区后，给根据地的老百姓心里蒙上了一层阴影。留下来的中央分局和赣南军区的少部分红军，在突围中伤亡惨重……敌人到处叫嚣和散布红军完了的消息。

刘伯坚心里想，趁敌人让他游街的机会，一定要揭穿敌人的阴谋。

"快看！来了！来了！"

街上的人群开始骚动起来。人们怀着复杂的感情，期待一睹这位国民党悬赏5万银圆缉拿的红军领导人。

青菜街街口出现了刘伯坚那魁梧的身影：浓眉大眼，相貌端庄，身着灰军装，虽身戴脚镣和手铐，却精神豪爽，正气凛然。严重的腿伤，加上沉重脚镣，刘伯坚虽行路蹒跚，却坚韧有力。

当刘伯坚看见乡亲们期待渴求的目光时，他

举起铐着的双手向群众频频致意，用他洪亮的声音呼喊着："乡亲们，红军没有完！红军不会完！毛主席正领导着红军北上抗日，黑暗的日子很快就要过去，光明很快就要到来的！"

一个凶狠的军警想捂住刘伯坚的嘴，刘伯坚用手铐在他头上砸了个大血疱，围观的百姓开心地笑了起来。

一位记者上前抢拍镜头，刘伯坚身子一挺，神情自若，气宇轩昂。这张半身像后来被刊登在国民党的报上，留下了一个坚贞不屈的共产党人的光辉形象。

刘伯坚又用洪亮、圆浑的男中音，高唱起《国际歌》来："起来，饥寒交迫的奴隶……"青菜街上的人群骚动起来，有些妇女抑制不住感情放声痛哭，有些胆子大的人也跟着哼唱了起来："起来，全世界受苦的人……"这嘹亮的歌声冲击着狭窄的街道。

敌人慌了手脚，军警们声嘶力竭地吼着："不准唱！不准唱！"

荷枪实弹的军警把刘伯坚和苏区群众隔开了，

然而，眼光遮不住、情感堵不住，根据地的人民和红军是心心相印的。刘伯坚多么想和江西老表们在长街上多待一会儿。于是，他放慢了脚步，心里有很多话要给他们讲，可是敌人不允许。在这严重的危困时期，人们需要看到共产党人的坚强勇气！不能让人民悲观失望，不能让人们看到反动派的一时得势貌似强大，不能被敌人的残忍所吓倒。一个共产党员，一个红军战士的一言一行，都将会对他们产生深刻的影响。

此时，刘伯坚心潮翻滚，热血喷涌，灵感顿生，一首正气歌《带镣行》浮现在他的脑海。

他默默地扫视了一下夹道围观的群众，高声朗诵着自己心底的呼声：

带镣长街行，蹒跚复蹒跚。

市人争瞩目，我心无愧怍。

带镣长街行，镣声何铿锵。

市人皆惊讶，我心自安详。

带镣长街行，志气愈轩昂。

拼作阶下囚，工农齐解放。

敌人见此，匆匆结束了游街，又把刘伯坚关进了牢房。

夜深沉，春寒料峭。囚室里灯火如豆，刘伯坚辗转难眠。他想念毛主席，想念主力红军，也许主力红军已渡过金沙江了？他想念项英、陈毅，也许他们正在梅岭、油山一带打游击。

他回想起了第五次反"围剿"失败后，红军主力准备转移时，毛泽东的英明指示仍回响在耳边……迅速转移，保存实力，坚持游击战争，胜利是属于我们的。

刘伯坚翻身坐起，拿出写"反省"的纸笔写下了《移囚》一诗：

> 大余狱中将两日，移来绥署候审室，
>
> 室长八尺宽四尺，一榻填满剩门隙；
>
> 五副脚镣响银铛，匍匐膝行上下床，
>
> 狱门咫尺隔万里，守者持枪长相望。
>
> 狱中静寂日如年，囚伴等吃饭两餐，
>
> 都说欲睡睡不得，白日睡多夜难眠；
>
> 檐角瓦雀鸣啁啾，镇日啼跃不肯休，

瓦雀生意何盎然，我为中国作楚囚。

夜来五人共小被，脚镣颠倒声清脆，

饥鼠跳梁声喷喷，门灯如豆生荫翳；

夜雨阵阵过瓦檐，风送计可到梅关，

南国春事不须问，万里芳信无由传。

两天后，敌人再次提审刘伯坚。在阴森森的殿堂前，敌军法处长周天民端坐在一张铺着灰蓝布的审判桌前，旁边坐着一名书记官。殿前两侧排满了端着明晃晃刺刀的警丁，大殿里杀气腾腾，如临大敌。

审讯开始了，周天民照例问过姓名、年龄、籍贯后，狰狞地问刘伯坚："让你考虑的问题怎么样了？"

刘伯坚斩钉截铁地回答："我根本没有什么可考虑的。"

"难道你就不怕死吗？"

刘伯坚哈哈大笑："怕死？怕死就不革命，要杀就杀，何必多废话！"

"好，今天就枪毙你。"

"共产党是毙不尽杀不绝的！"

刘伯坚把敌人的法庭变成了宣传抗日救国的讲坛。从敌人档案里查到的这次审讯记录，真实再现了当时的情景。

问："你是不是共产党员？"

答："是共产党员。"

问："担任过什么职务？"

答："一贯搞政治工作，先后担任过红五军团和赣南军区的政治部主任。"

问："你为什么加入共产党？"

答："我看你们国民党毫无治国救民的办法，故加入共产党，致力于土地革命。"

敌军法处处长周天民沉不住气了，咆哮起来："你胡说！不准你在这里污蔑党国！"

他接着问："你们共产党有办法，为什么弄得现在一败涂地？"

答："胜败乃兵家常事，古人说：'野火烧不尽，春风吹又生。'只要革命火种不熄，燎原之火必将漫天燃起。"

问："你们的野战军西奔川黔的意图是什么？"

答："此次红军野战军出动川黔之意图是，要扩大苏维埃运动到全国范围去，建立苏维埃更大的新根据地。同时，号召和团结千百万群众实行民族革命战争。"

敌军法处处长周天民急了，大喊道："不许你在这里宣传赤化，不许你在这里转移目标。给你纸笔好好去写，3天之内交。"

为了结束这尴尬的审讯局面，周天民只好草率收兵。

3天过去了，而刘伯坚交上去的"笔供"，仍然是第一次审讯中的那些东西。敌人企图从他口中得到共产党和红军游击队在赣南活动的情况，一次又一次地审讯，并以死相威胁。刘伯坚总是毅然决然地说："要杀就杀，要我讲休想！"

在法庭上，敌人使尽一切手段，也没能从刘伯坚口里得到共产党和红军游击队在赣南活动的任何情况。刘伯坚倒是滔滔不绝地阐述国民党反动派必亡、共产主义在中国必胜的道理，使审讯变成了对反动派的宣判。

铁骨柔情狱中书

　　刘伯坚被捕后已知定死无疑，在大余监狱和粤军绥靖公署候审室关押的短短 12 天铁窗生活中，他在和敌人进行英勇顽强斗争的同时，连续写了几封感人肺腑的家书，谆谆嘱告亲人要继承他毕生为之奋斗的革命事业，字里行间无不闪耀着一个共产党人的高尚革命情操和坚定信念。

　　第一封信是 1935 年 3 月初，刘伯坚被俘后不久后发出的，并附有绝命词及给孩子们的遗嘱。可惜这份有价值的历史文献没有保留下来。

　　烽火连三月，家书抵万金。刘伯坚知道，生命属于他的时间已经不多了。3 月 16 日，他又写了第二封信，是写给妻子王叔振的嫂子梁凤笙的。

凤笙大嫂并转五、六诸兄嫂：

　　本月初在唐村写寄给你们的信、绝命词及给

虎、豹、熊诸幼儿的遗嘱，由大余县邮局寄出，不知已否收到？弟不意尚在人间，被押在大余粤军第一军军部，以后结果怎样尚不可知，弟准备牺牲，生是为中国，死是为中国，一切听之而已。

现有两事须要告诉你们，请注意：

一、你们接我前信后必然要悲恸异常，必然要想方法来营救我，这对于我都不须要。你们千万不要去找于右任先生及邓宝珊兄来营救我，于邓虽然同我个人的感情虽好，我在国外叔振在沪时还承他们殷殷照顾，并关注我不要在革命中犯危险，但我为中国民族争生存争解放与他们走的道路不同。在沪晤面时，邓对我表同情，于说我做的事情太早。我为救中国而犯危险遭损害，不须要找他们来营救我帮助我，使他们为难。我自己甘心忍受，尤其要把这件小事秘密起来，不要在北方张扬，使马二先生（注：指冯玉祥）知道了，做些假仁假义来对付我。这对于我丝毫没有好处，而只是对我增加无限的侮辱，丧失革命的人格，至要至嘱。

二、熊儿生后一月即寄养福建新泉芷溪黄荫胡家，豹儿今年寄养在往来瑞金、会昌、于都、赣州这一条河的一只商船上，有一吉安人罗高，二十余岁，裁缝出身，携带豹儿。船老板是瑞金武阳围的人叫赖宏达，有五十多岁，撑了几十年的船，人很老实，赣州的商人多半认识他，他的老板娘叫郭贱姑，他的儿子叫赖连章，媳妇叫梁照娣，他们一家人都很爱豹儿，故我寄交他们抚育。因我无钱，只给了几个月的生活费，你们今年以内派人去找着还不至于饿死。

我为中国革命没有一文钱的私产，把三个幼儿的养育都要累着诸兄嫂，我四川的家听说久已破产又被抄没过，人口死亡殆尽，我已八年不通信了。为着中国民族就顾不了家和个人，诸兄嫂明达当能了解，不致说弟这一生穷苦，是没有用处。

诸儿受高小教育至十八岁后即入工厂做工，非到有自给的能力不要结婚，到三十岁结婚亦不为迟，以免早生子女自累累人。

叔振仍在闽，已两月余不通信了，祝诸兄嫂近好！

弟　伯坚

3月16于江西大余

3月21日，敌人终于要对刘伯坚狠下毒手了。临刑前，敌人问他还有什么后事要办。刘伯坚说："有！第一，我要写封家信，交代我的子孙后代要将革命进行到底！第二，我死之后要把我葬在梅关。"

"为什么要葬在梅关？"

刘伯坚慷慨作答："葬在梅关站得高望得远，使我死后也能看到革命的烈火到处燃烧！"

敌人摇头叹气，只好给了他纸和笔。刘伯坚又给梁凤笙大嫂写了一封信。

凤笙大嫂并转五、六诸兄嫂：

弟于3月5日在江西信丰县唐村被粤军俘虏，押解大余粤军第1军部，3月21日要在大余牺牲了。

弟在唐村被俘时，就决定一死以殉主义，并为中国民族解放流血，曾有遗嘱及绝命词寄给你们，不知收到没有？

弟为中国革命牺牲毫无遗恨，不久的将来，中国民族必能得到解放，弟的热血不是空流了的。

虎、豹、熊三幼儿将来的教养，全赖诸兄嫂。豹儿在江西，今年阳历二月间寄养到江西瑞金武阳围的船户赖宏达（四五十岁）老板，他的船经常往来于瑞金、会昌、于都、赣州之间，他的老板娘名叫郭贱姑，媳妇叫梁照娣，儿子三十岁左右，名叫赖连章。另有吉安人罗高，二十四五岁随行，是个裁缝，罗高很忠实很爱豹儿，他无论如何都同豹儿一起，你们在今年内可派人去找，伙食费只能维持四五个月。熊儿生后一月即寄养福建连城属之新泉区芷溪乡黄荫胡家中，黄业中药铺，其弟已为革命牺牲，弟媳名菊满，抚养熊儿，称熊儿为子，爱如己出，因他无子。

熊、豹两儿均请设法收回教养。

诸幼儿在十八岁前可受学校教育，十八岁后即入工厂做工为工人。他们结婚更不要早，迟至三十岁左右再结婚亦不迟，以免早婚多儿女累，不能成就事业。

最重要的，诸儿要继续我的志向，为中国民族的解放努力流血，继续我未完成的光荣事业。

这封信需要给叔振同志一阅，她可能已到

沪了。

我已要求粤军枪毙我后葬在大余梅关附近。

此致

最后的亲爱的敬礼

弟：刘伯坚

3 月 21 日于大余

在狱中，刘伯坚无时无刻不在思念着妻子和年幼的 3 个儿子。

年幼的熊儿尤令刘伯坚牵肠挂肚。还在红军第五次反"围剿"之前，刘伯坚把即将临产的王叔振安置在福建连城乡下，嘱咐她孩子生下后取名熊儿，最好寄养在可靠的老百姓家，然后，在闽西一带做群众工作。

1931 年 4 月，王叔振生下熊儿才 1 个多月的时候，她为了革命事业，不得不把孩子送给他人抚养。送子时，她含泪写下了一份"抱约"：

刘门王氏生下小儿名叫熊生，今送给黄家抚养成人，长大后在黄家承先启后。但木有本，水有源，父母深恩不可忘记，仍要继承我等志愿，为革命效力，争取更大光荣。特留数语，以作纪念。

母：王叔振字
公历 1931 年 4 月 12 日写于闽西芷溪

王叔振写好"抱约"已泣不成声。她走到床边呆呆地望着孩子。熊儿睡得正甜，他哪知道母亲此时正经历着肝胆俱裂的痛苦！

良久，王叔振回到桌前，就着昏暗的油灯，给刘伯坚写信：

毅伯：

见信如见小妹的面。

自从你走后，我老是想着，我要和你一道，上前线去打仗，或者到连队去做宣传工作，或者当个文化教员。我要工作。

毅伯，你说过的，为着革命，我们是什么都

可以牺牲的。我忍着极大的痛苦，含着眼泪，把熊儿送人了。

这家人姓黄名荫胡，开着一个小小的中药铺为生。其弟黄荫达，是村苏维埃主席，被还乡团所杀害。荫达的妻子邱菊满，爱熊儿如自生。

……

送走了熊儿，王叔振全身心投入到工作中，不久，调任中共新泉县县委书记。1934年年初，奉命调回瑞金，任中共苏区中央局秘书科科长。

刘伯坚写完给大嫂的信，最后的时刻，他又饱含深情地给在闽西山区坚持敌后斗争的亲密战友、妻子王叔振写了一封短信，要求梁凤笙大嫂转交。

叔振同志：

我的绝命书及遗嘱，你必能见着，我直寄陕西凤笙及五、六诸兄嫂。

你不要伤心，望你无论如何要为中国革命努力，不要脱离革命战线，并要用尽一切的力量教养虎、豹、熊三幼儿成人，继续我的光荣的事业。

我葬在大余梅关附近。

十二时快到了，就要上杀场，不能再写了，致以最后革命的敬礼！

刘伯坚

3 月 21 日于大余

金莲山下的英雄雕像

监狱的走廊上摆着一张小桌子，这是从大余"莫同珍饭店"送来的"长生饭"和"永别酒"。1935 年 3 月 21 日上午 9 时，敌人从监狱中将刘伯坚押了出来。一名敌军官皮笑肉不笑地向前招呼刘伯坚："刘先生，请用饭。"

此时，刘伯坚刚刚分寸不乱地给大嫂和妻子写完信，交代完了后事，他昂起头，拖着沉重的铁镣走向监狱大门。刘伯坚心中早已明白，这就是所谓的"长生饭"和"永别酒"，既然都已拿来了，他也就坦然自若地走近桌前，吃了一些酒饭，然后，转过身来，面对着台阶前站立着的一排排敌官兵，放声高唱起了《国际歌》："起来，饥寒交迫的奴隶，起来，全世界受苦的人！满腔的热血已经沸腾，要为真理而斗争！"

这时，敌军法处处长周天民急了，赶忙派人把刘伯坚又押了进了监狱。

12时快到了，敌军法处处长周天民发出一声野狼般的吼叫："绑赴刑场，立即执行！"站在两旁的敌兵一拥而上，要把刘伯坚架着走。

刘伯坚怒喝一声："滚开，我自己走！"说罢，他昂着头，挺着胸，拖着沉重的脚镣移向大门。

大街上挤满了围观群众。刘伯坚走到囚车旁站住了，他回过头，面向群众高声呼喊：

"中国共产党万岁！"

"打倒国民党反动派！"

"打倒蒋介石！"

大街上的围观群众顿时涌动起来，反动派惊恐万状，急忙开动囚车奔赴大余县金莲山刑场。

囚车一直开往大余县城北郊的金莲山。罪恶的枪声响了，刘伯坚和他的 4 位战友倒在了血泊中。刘伯坚时年 40 岁。

就在刘伯坚牺牲后的几天，时任中华苏维埃共和国临时中央政府秘书、机要科科长的王叔振，根据上级的指示，在转赴上海从事地下斗争的途中，不幸牺牲在闽西。牺牲前也未能见到丈夫刘伯坚壮烈牺牲前的绝笔。

06

尾声

　　苏区中央分局在项英、陈毅的率领下，突出敌人的重围后，他们来到油山，同各路游击队胜利会师时，听到刘伯坚等同志牺牲的噩耗，全军上下举哀痛悼，无不为失去这样一位杰出的领导人痛感惋惜。

　　陈毅以深沉而悲壮的笔调写下了怀念战友的诗篇《寄友》：

　　1937年春，敌人策动侵华日急，国民党反动派对我之"清剿"更烈。余辗转游击于五岭山脉，时红军主力西去秦陇，消息难通。而阮啸仙、贺昌、刘伯坚诸同志相继牺牲，每夜入梦，故人交情，不渝生死。游击各同志又与余分散活动，因诗以寄意。

风吹雨打露沾衣，昼伏夜行人迹稀。

秦陇消息倩谁问，故交鬼影梦中归。

瓜蔓抄来百姓苦，萁豆煎时外寇肥。

叛徒国贼皆可杀，吾侪南线系安危。

1938年，毛泽东为刘伯坚碑文题词："刘伯坚是中国共产党早期优秀党员，中国工农红军早期优秀将领，无产阶级革命家，我党我军政治工作第一人。"

1945年4月23日，中共第七次全国代表大会在延安召开。其间，举行追悼烈士大会，缅怀英勇牺牲的刘伯坚等革命志士。曾任红五军团政治部宣传部部长的刘伯坚的挚友莫文骅撰诗《悼刘伯坚同志》：

一代才华少与俦，弱冠遍历东西欧。

文章有价耀珠玉，气概无前逼斗牛。

西北军中驰令誉，红军帐里足良猷。

百战何尝计苦乐，劳身为解万民忧。

日寇侵凌战鼓震，摇摇欲坠我神州。

对外奴颜来内战，同胞四野血横流。

豺狼在邑龙在野，贼子当权志士休。

可怜雄才竟未展，深锁梅关无限愁。

景仰遗风惭驽马，缅怀劳绩茹在喉。

一人殉节千人慨，竖眉切齿恨贼酋。

今日哀悼非昔比，百万雄师为国谋。

他年南国春意好，重修荒冢莫庶馐。

新中国成立后，大余人民在刘伯坚英勇就义的金莲山上，修建了一座革命烈士陵园和刘伯坚烈士墓。1980年，胡耀邦提出"川北人民应该为刘伯坚树碑立传"。1992年1月，在刘伯坚烈士墓前，塑立了纪念碑和雕像，纪念碑的正面，有杨尚昆同志的题词：刘伯坚烈士永垂不朽！背面刻有烈士著名遗诗《带镣行》。

1983年，经党中央、国务院批准，在烈士的故乡动工修建刘伯坚烈士纪念馆（碑）。1986年10月9日，刘伯坚纪念馆和纪念碑在他的家乡四川省平昌县江阳公园内佛头山上落成。杨尚昆为纪念碑揭幕。碑的正面镶嵌邓小平题写的："刘伯坚纪念碑"。碑的背面镌刻着《无产阶级革命家刘伯坚事略》，周围刻有叶剑英、聂荣臻、陆定一等为烈士题写的诗文手迹。

2009年9月，刘伯坚入选"100位为新中国成立作出突出贡献的英雄模范人物"。

2015年12月，位于四川省巴中市龙岗乡的"刘伯坚烈士故居修缮工程"竣工，现已成为川陕苏区首府红色之旅精品景点和青少年爱国主义教育重要基地。

刘伯坚，一代革命先烈，后人世代敬仰！

后 记

"生是为中国，死是为中国！"……"十二时快到了，就要上杀场，不能再写了。致以最后革命的敬礼！"

当读到这样的绝命书时，不禁使人潸然泪下。一个坚定的革命者，真正的中国共产党人，面对敌人的屠刀，是那样的坦然自若，这是何等的胸怀！

刘伯坚从小立志以救国救民为己任，发奋读书，放弃"县太爷"不做，远渡重洋，追求革命真理。他是中国共产党海外组织的创始人之一，积极宣传马克思主义，寻找救国救民的道路，把毕生精力献给党，献给中国革命事业，为中国共产党领导的人民军队的发展作出了杰出的贡献。刘伯坚是一位伟大的无产阶级革命家，是中国工农红军早期优秀的将领、我党我军政治工作第一人、中国共产党的优秀党员、坚强的共产主义战士、我党我军卓越的组织工作者和政治思想工作者。他虽已离开我们85年了，但精神永在，令人敬仰和怀念！为使他的英雄事迹和革命精神得以更加广泛地传颂，我们也需要不断地书写他！歌颂他！

本书充分吸取了前人的研究成果，从刘伯坚平凡而伟大的一生中，遴选了最典型最具代表性的英雄事迹，结合中国革命发展历程和英雄烈士曲折的人生经历，在充分尊重史实的基础上编写完成，力求用生动感人的英雄故事，传递英雄烈士伟大的革命精神。在编写过程中，得到了军事科学院军队政治工作研究院领导和机关的大力支持，赵一平、李博、邓礼峰、张明金、康月田、陈政举、潘宏等多位专家学者进行了审读，提出了宝贵的意见。

主要参考书目有：《中共党史人物传》《刘伯坚将军传》（陈永久著/解放军出版社），《刘伯坚》（刘豹编著/人民出版社），《刘伯坚的故事》（陈永久、唐思孝、白明高编），《少年刘伯坚》（宇心著/四川少年儿童出版社），《100位为新中国成立作出突出贡献的英雄模范人物：刘伯坚》（赵红编著／吉林文史出版社）。

　　在此，谨向关心和提供帮助的各位领导、专家学者，以及上述书目的作者、编辑致以最诚挚的谢意！

图书在版编目（CIP）数据

刘伯坚 / 军事科学院解放军党史军史研究中心编著
. -- 北京：学习出版社，2020.9（2022.9重印）
（中华先烈人物故事汇）
ISBN 978-7-5147-1000-7

Ⅰ.①刘… Ⅱ.①军… Ⅲ.①刘伯坚（1895-1935）—
传记 Ⅳ.①K825.2

中国版本图书馆CIP数据核字（2020）第149837号

刘伯坚
LIU BOJIAN

军事科学院解放军党史军史研究中心

责任编辑：张　俊　李　琳　　封面绘画：刘书移
技术编辑：刘　硕　　　　　　　内文插图：韩新维
美术编辑：杨　洪

出版发行：学习出版社
　　　　　北京市东城区崇外大街11号新成文化大厦B座11层
　　　　　（100062）
　　　　　010-66063020　010-66061634　010-66061646
网　　址：http://www.xuexiph.cn
经　　销：新华书店
印　　刷：固安县铭成印刷有限公司

开　　本：787毫米×1092毫米　1/32
印　　张：5.625
字　　数：80千字
版次印次：2020年9月第1版　2022年9月第5次印刷

书　　号：ISBN 978-7-5147-1000-7
定　　价：22.00元

如有印装错误请与本社联系调换，电话：010-67081356